AF533988

# Caspar David Friedrich
# A–Z

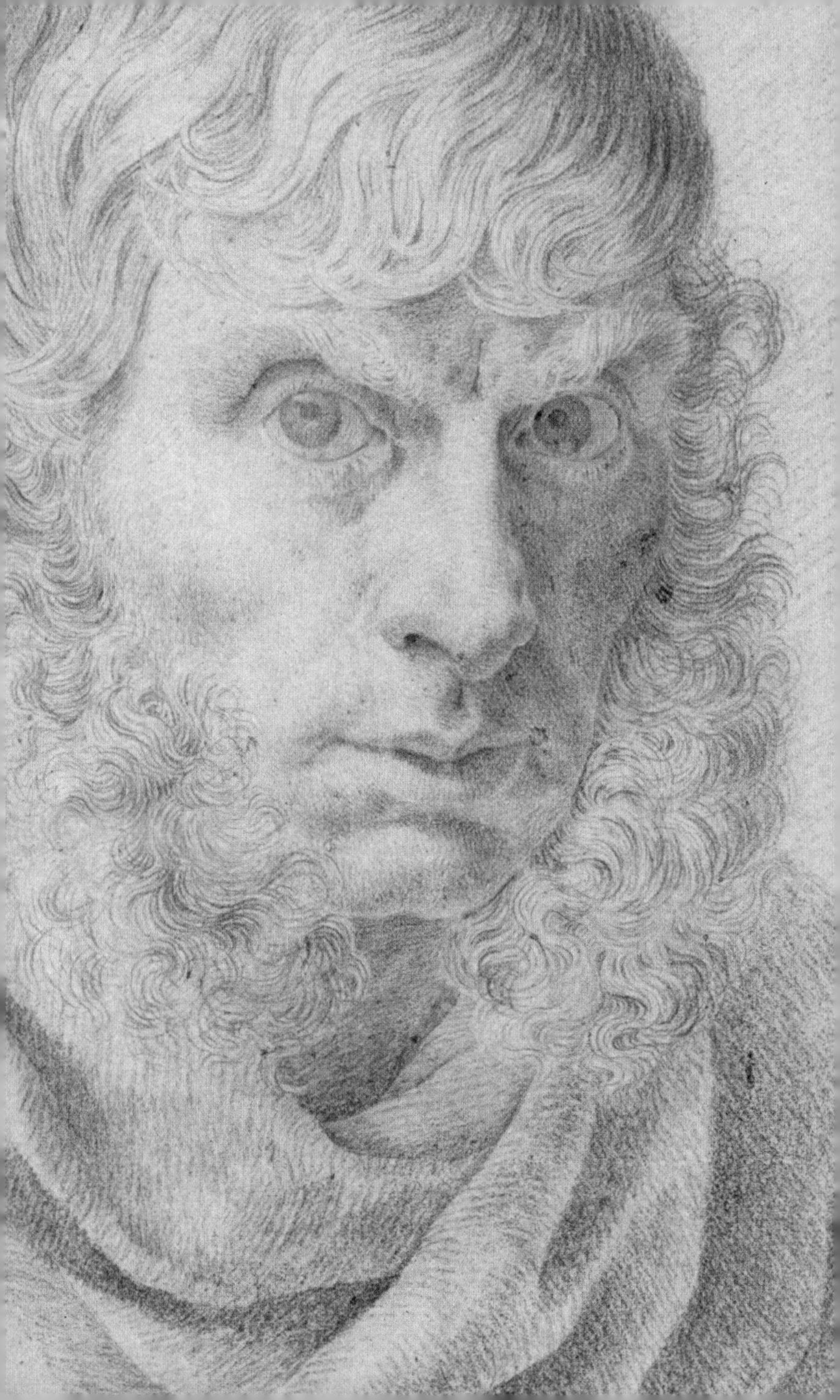

# Caspar David Friedrich A–Z

Von Barbara Hess

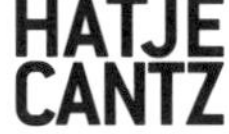

A→ Atelier
B→ Baum
C→ Chasseur
D→ Dresden
E→ Eule
F→ Fenster
G→ Greifswald
H→ Hafen
I→ Innerlichkeit
J→ Jawort
K→ Konstruktion
L→ Letzte Generation
M→ Mond
N→ Nebel
O→ Oybin
P→ Politik
Q→ Quistorp
R→ Rückenfigur
S→ Sepia
T→ Transparent
U→ Untergang
V→ Verriss
W→ Wanderer
X→ Xylografie
Y→ Youngs Nachtgedanken
Z→ Zeit

# A → Atelier

Darstellungen, die Künstlerinnen und Künstler bei der Arbeit zeigen, dürfen als programmatisch angesehen werden. Sie geben nicht nur Aufschlüsse zu handwerklichen Fragen, sondern veranschaulichen auch das Selbstverständnis und die Kunstauffassung der Dargestellten. Das gilt auch für die Gemälde von Georg Friedrich Kersting, die Friedrich in seinem Dresdner Atelier →Dresden zeigen.→S. 7 Kersting war mit Friedrich befreundet, hatte wie dieser in Kopenhagen studiert und mit ihm gemeinsame Wanderungen unternommen; er soll ihm sogar bei einigen Figurendarstellungen geholfen haben. Diese Vertrautheit zwischen den Malern macht Kerstings Atelierbilder besonders aussagekräftig.

Die erste Version zeigt Friedrich bei der Arbeit an einem Landschaftsbild, das einen Wasserfall darstellt. Tageslicht fällt durch ein Fenster, dessen untere Läden verschlossen sind; der obere Teil zeigt nur ein Stück Himmel hinter den kreuzförmigen Sprossen, die an das christliche Symbol des Kreuzes denken lassen. Mit dem Himmelsblau hinter dem Fensterkreuz korrespondiert ein Glasgefäß auf einem Arbeitstisch, das ein auffällig leuchtendes, hellblaues Pigment enthält – die materielle Substanz des gemalten Himmels und vielleicht auch eine Anspielung auf ein Sehnsuchtsmotiv der Romantik, die Blaue Blume des Dichters Novalis. An der Wand und dem zweiten, vollständig geschlossenen Fensterladen hängen zwei Paletten, aber

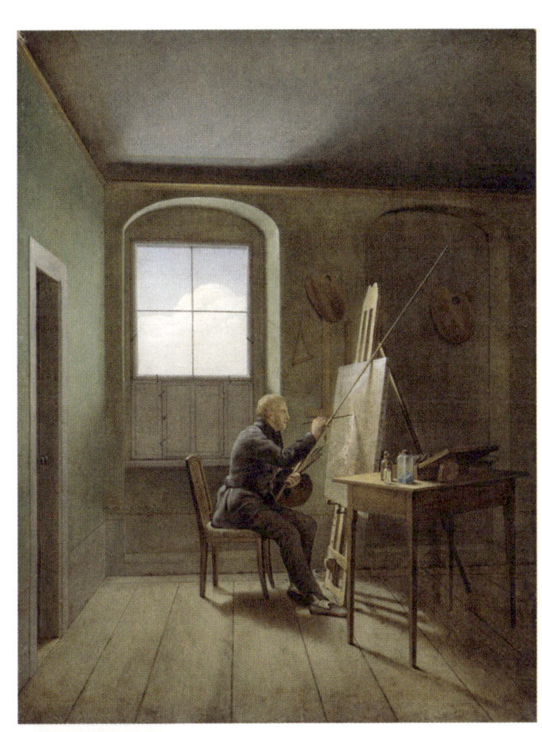

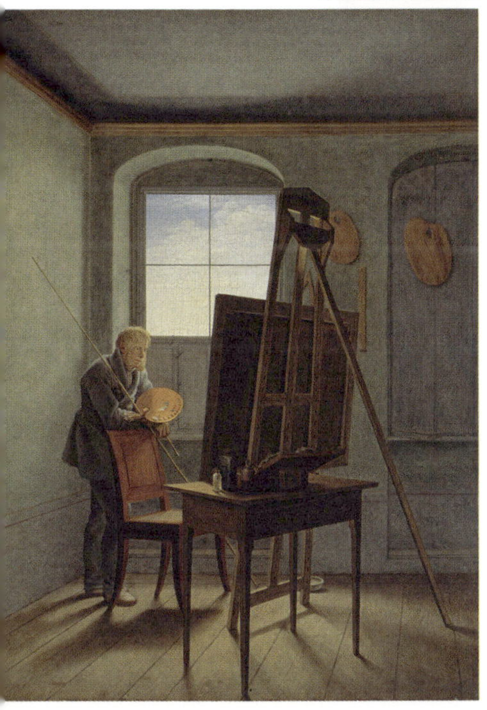

auch eine Reißschiene und ein Zeichendreieck – Hinweise darauf, dass Friedrich seine Kompositionen oft nach geometrischen Prinzipien konstruierte.

Die zweite Version von Kerstings Atelierbild scheint die Aussage des ersten noch einmal zuzuspitzen. Der Bildausschnitt ist verkleinert; am linken Bildrand ist keine Tür mehr zu sehen, und auch das rechte Fenster ist angeschnitten. Friedrich arbeitet nicht an der Staffelei, sondern steht hinter einem Stuhl und betrachtet sein Gemälde, von dem wir nur die Rückseite sehen können. Die Kargheit von Friedrichs Atelier wurde von mehreren Besuchern anschaulich beschrieben; für Wilhelm von Kügelgen war es um 1813 »von so absoluter Leerheit, dass [der Dichter] Jean Paul es mit dem ausgeweideten Leichnam eines toten Fürsten hätte vergleichen können.«[1] So erscheinen Kerstings Atelierbilder einerseits als realistische Einblicke in Friedrichs Arbeitsraum; zugleich veranschaulichen sie den konzeptuellen Charakter der Malerei Friedrichs, der bekannte, dass er seine Bilder »mit dem geistigen Auge zuerst« sah.

**Georg Friedrich Kersting**
**_Caspar David Friedrich in seinem Atelier_ 1811**
**Öl auf Leinwand 54 × 42 cm**
**Hamburger Kunsthalle**

**Georg Friedrich Kersting**
**_Caspar David Friedrich in seinem Atelier_ um 1812**
**Öl auf Leinwand 53,5 × 41 cm**
**Alte Nationalgalerie, Staatliche Museen zu Berlin**

# B → Baum

Die amerikanische Philosophin Donna Haraway fordert in ihren Schriften dazu auf, sich über die Grenzen der eigenen Spezies hinweg mit anderen Lebewesen »verwandt zu machen«. So könnten artenübergreifende Beziehungen entstehen, die nicht auf Ausbeutung und Zerstörung beruhen. Vielleicht hatte Friedrich bereits solche Beziehungen im Sinn. Darauf deutet jedenfalls ein Brief des russischen Dichters Wassili Schukowski vom Juni 1821 hin. Er berichtet, Friedrichs »Lieblingsgegenstand« in Gesprächen sei die Natur gewesen, »mit der er wie ein Familiengenosse umgeht«.[2]

In Friedrichs *Dorflandschaft bei Morgenbeleuchtung (Der einsame Baum)* von 1822 → S. 12/13 steht eine monumentale Eiche im Mittelpunkt der Komposition. Die beiden gebräuchlichen Werktitel gehen nicht auf den Künstler selbst zurück, sondern stammen aus späterer Zeit. Es bleibt also offen, ob es sich tatsächlich um die Darstellung einer Morgenstimmung handelt. Auch muss der zentrale Baum nicht unbedingt als »einsam« empfunden werden; mehrere Artverwandte stehen ihm links und rechts zur Seite, und die winzige Figur des Schäfers, der sich an den Stamm lehnt, scheint geradezu mit dem Baum zu verschmelzen.

Friedrichs Zeitgenossen werden das Gemälde oft unter nationalen und religiösen Vorzeichen gelesen haben. Für den protestantischen Pfarrer und Dichter Ludwig Gotthard Kosegarten, den Friedrich durch seinen Zeichenlehrer Quistorp → Quistorp kannte, war die Eiche wegen ihrer Beständigkeit der »Baum Gottes«.[3] Zudem ist die Eiche seit Jahrhunderten ein deutsches Nationalsymbol, was sich heute beispielsweise am Motiv des Eichenzweigs auf den kupferummantelten deutschen Cent-Münzen zeigt. Auch in vielen – nicht allein deutschen – Wappen und Militärabzeichen spielt Eichenlaub eine Rolle. An Friedrichs Komposition fällt vor allem auf, wie untergeordnet die Bildelemente sind, die auf die menschliche Existenz verweisen. Die Hausdächer der dörflichen Siedlung mit ihren Rauchfahnen und die Kirchturmspitzen, die den Saum des grünen Tals überragen, sind in der Landschaft buchstäblich Randerscheinungen.

*Dorflandschaft bei Morgenbeleuchtung (Der einsame Baum)* 1822
Öl auf Leinwand 55 × 71 cm
Alte Nationalgalerie, Staatliche Museen zu Berlin

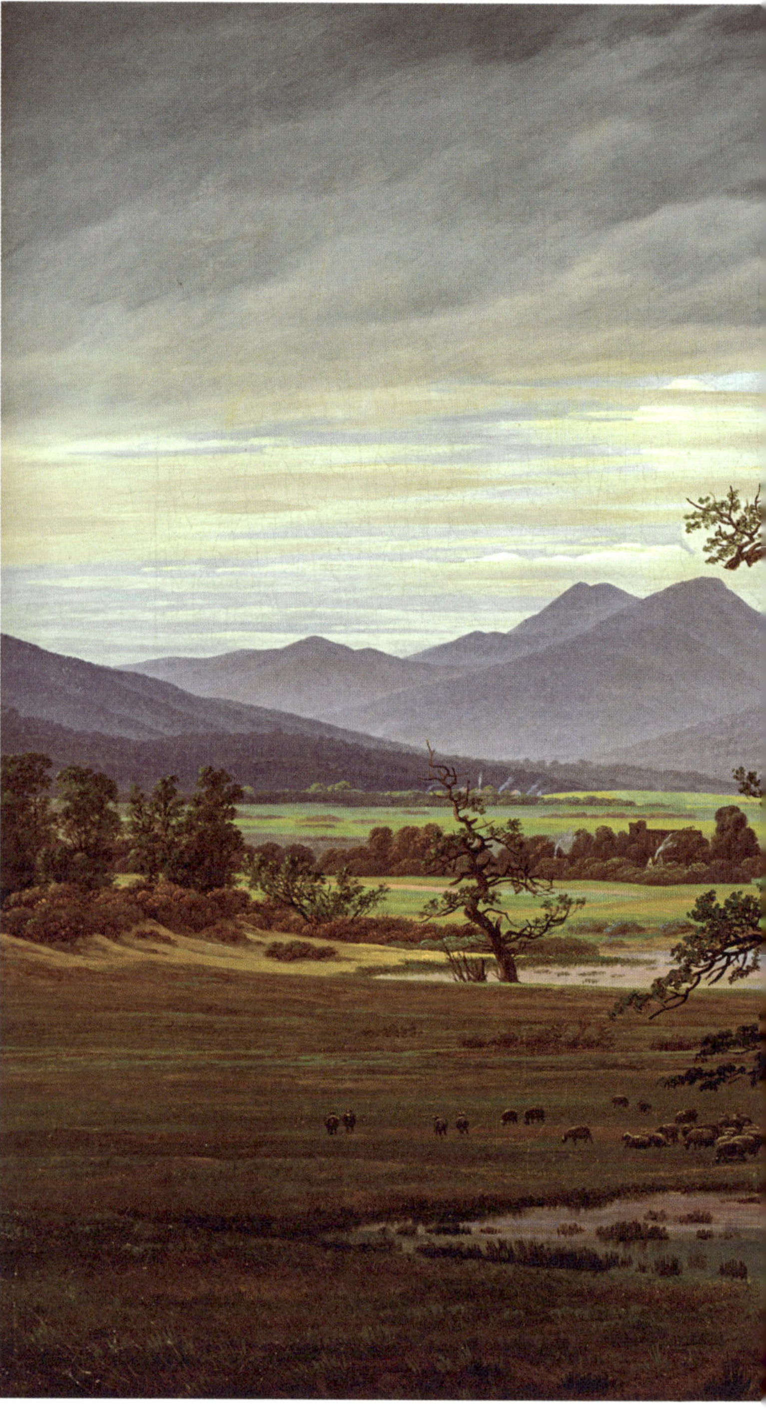

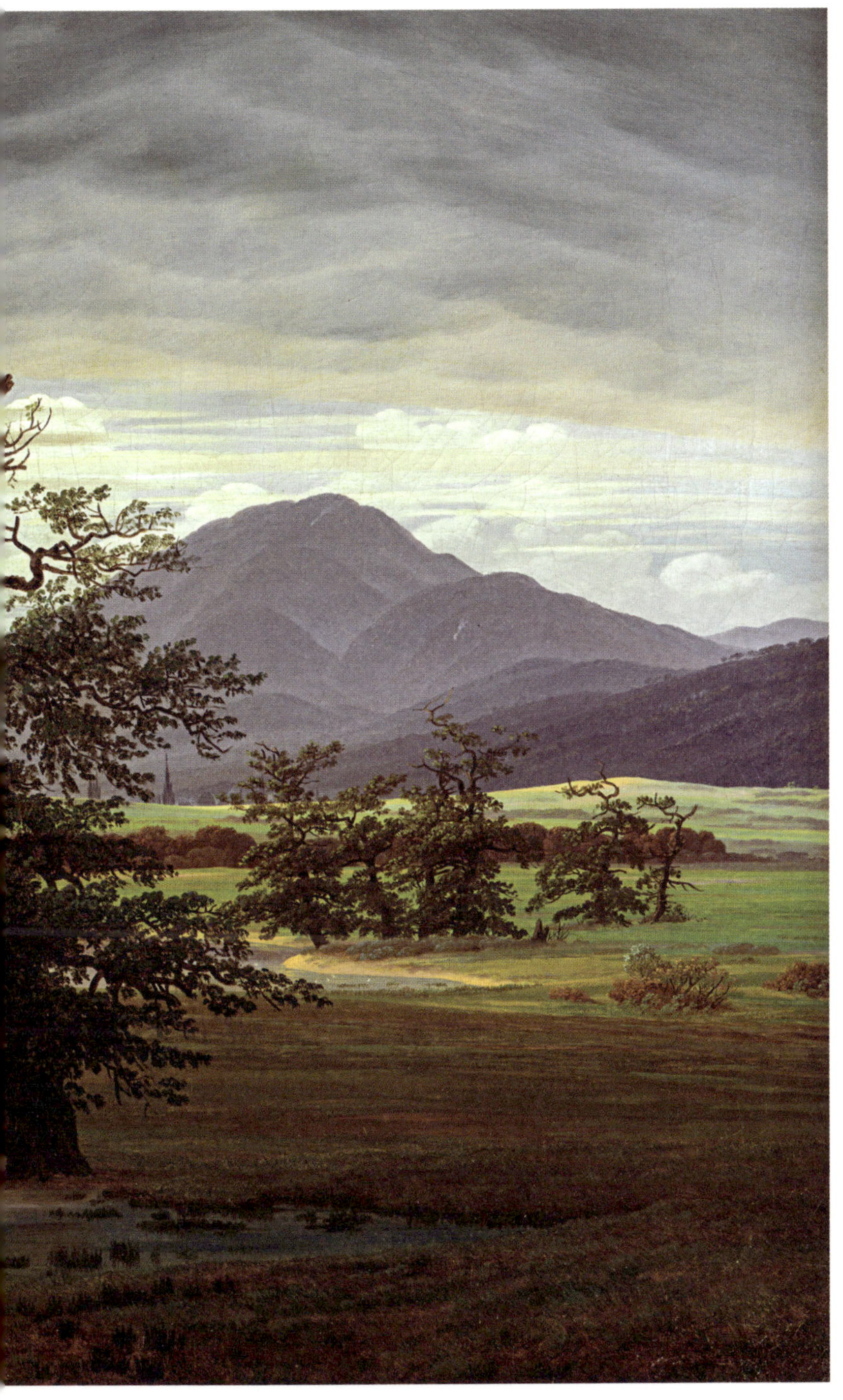

# C → Chasseur

Auf den *Chasseur im Walde* passt die Beschreibung, die Heinrich von Kleist für den *Mönch am Meer* gefunden hatte: Er ist »der einsame Mittelpunkt im einsamen Kreis«. → Youngs Nachtgedanken Zugleich ist er unter den zahlreichen Rückenfiguren, für die Friedrich berühmt ist, eine einsame Ausnahme. Denn der *Chasseur* ist buchstäblich ein Feindbild. Seine Uniform markiert ihn als einen Soldaten der französischen Truppen. Diese hatten in den Napoleonischen Kriegen seit 1800 weite Teile Europas, darunter auch Friedrichs Heimat Schwedisch-Pommern, erobert und besetzt. Im Oktober 1813 waren sie in der Völkerschlacht bei Leipzig entscheidend geschlagen worden. Friedrich selbst kämpfte nicht in den Befreiungskriegen von 1813 bis 1815, beteiligte sich aber finanziell an der Ausrüstung seines Freundes Georg Friedrich Kersting.[4] → Atelier

Der *Chasseur* erscheint auf verlorenem Posten, wie umzingelt von einem düsteren Tannenwald. Hinter ihm liegt eine Weggabelung mit zwei Baumstümpfen; auf einem hockt als Todessymbol ein Rabe, der ihm, wie ein zeitgenössischer Rezensent meinte, »ein Sterbelied« singt.[5] Er wird – von einem erhöhten, nicht näher definierten Standpunkt dargestellt – zur imaginären Zielscheibe. Friedrich hat aus seinen antifranzösischen Ressentiments kein Geheimnis gemacht. Als sich sein Bruder Christian im November 1808 in Lyon aufhielt, schrieb er ihm: »Du fühlest es selbst, dass es nicht recht ist, dass Du als Teutscher in Frankreich bist, und das tröstet

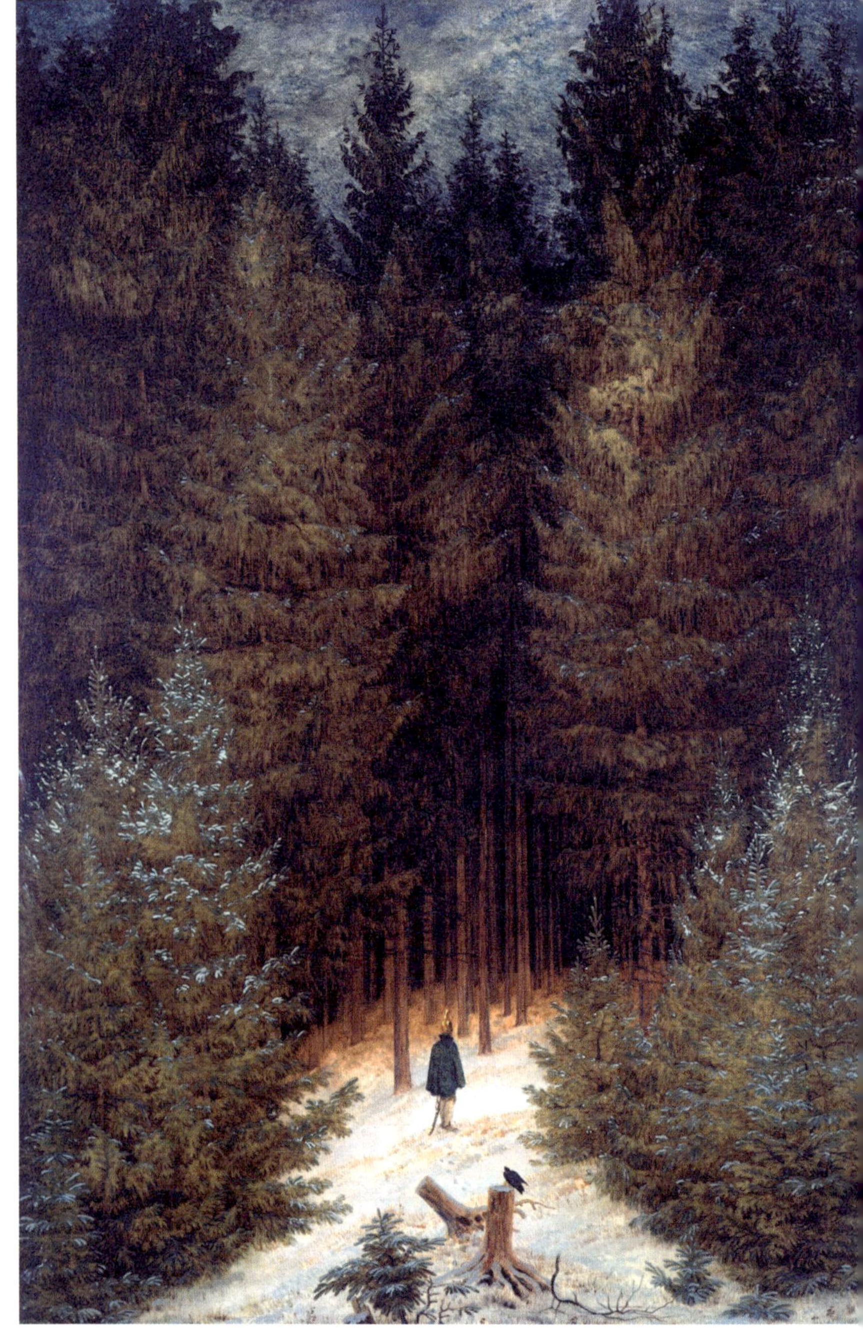

mich noch einigermaßen, denn sonst würde ich ganz an deiner Teutschheit zweifeln.«[6] Trotz Friedrichs eindeutiger Aversion gegen einen militärischen Gegner weckt der Anblick des *Chasseurs* zwiespältige Emotionen. Das Bild vermittelt den Eindruck, dass das Schicksal des Soldaten besiegelt ist, doch es appelliert nicht an Triumphgefühle. Denn die Rückenfigur lädt die Betrachtenden immer auch dazu ein, sich an ihre Stelle zu versetzen.

***Der Chasseur im Walde*** **um 1813**
**Öl auf Leinwand 65,7 × 46,7 cm**
**Privatbesitz**

# D → Dresden

Im Herbst 1798 ließ sich Friedrich in Dresden nieder, um an der dortigen Akademie sein in Kopenhagen begonnenes Kunststudium fortzusetzen. Dafür sprachen mehrere Gründe, darunter die »Nähe der trefflichsten Kunstschätze«;[7] der sächsische Kurfürst August der Starke (1670–1733) und sein Sohn August III. (1696–1763) hatten bedeutende Sammlungen zusammengetragen und Gebäude errichten lassen, die der Stadt zu Beginn des 19. Jahrhunderts Beinamen wie »Deutsches Florenz« oder »Elbflorenz« einbrachten. Zum anderen lobte Friedrich, dass Dresden »umgeben von einer schönen Natur« war. Und nicht zuletzt lehrten an der Akademie die Landschaftsmaler Adrian Zingg (1734–1816) und Johann Christian Klengel (1751–1824), von denen sich Friedrich möglicherweise Impulse für seine künftige Entwicklung versprach.[8]

Mit kurzen Unterbrechungen lebte Friedrich bis zu seinem Lebensende 1840 in der sächsischen Residenzstadt. Seine Hoffnung, an der Akademie Klengels Nachfolger zu werden und damit auch seine materielle Existenz auf eine sichere Grundlage zu stellen, wurde jedoch Mitte der 1820er-Jahre enttäuscht. Sowohl künstlerisch als auch politisch war Friedrich zu dieser Zeit nicht konsensfähig. Seine Malerei galt vielen als zu mystisch und dunkel, zu individualistisch; politisch widerstrebte ihm offenbar die Wiederherstellung der alten feudalen Ordnung nach dem Wiener Kongress 1814/15, was auch den sächsischen Behörden nicht entging.[9]

Mit dem *Großen Gehege* (um 1832) wurde Friedrich seinem Ruf als Individualist zweifellos gerecht. Auch in seinem eigenen Œuvre gibt es kein vergleichbares Werk. Der Titel bezieht sich auf das Große Ostragehege, eine Auenlandschaft der Elbe im nordwestlichen Stadtgebiet von Dresden. Doch das Gemälde zeigt eine Szene wie von einem anderen Stern. Es bricht gleich in doppelter Hinsicht mit Darstellungs- und Sehgewohnheiten. Der Blickpunkt, von dem aus die unwirkliche Szene gesehen wird, scheint über der Landschaft zu schweben. Der Vordergrund mit den inselartigen Sandbänken und der Himmel sind nicht nach den Regeln der Zentralperspektive dargestellt, sondern erscheinen gewölbt. Sie beschreiben eine Hyperbel, also eine unendliche Kurve aus zwei getrennten Ästen, die zueinander symmetrisch sind – eine Konstruktion, mit der Friedrich häufiger gearbeitet hat.[→ Konstruktion] So entsteht der Eindruck einer geheimnisvollen Korrespondenz zwischen Himmel und Erde, die durch die Spiegelung des Himmels im Wasser verstärkt wird.

*Das Große Gehege* um 1832
Öl auf Leinwand 73,5 × 102,5 cm
Galerie Neue Meister, Staatliche Kunstsammlungen Dresden

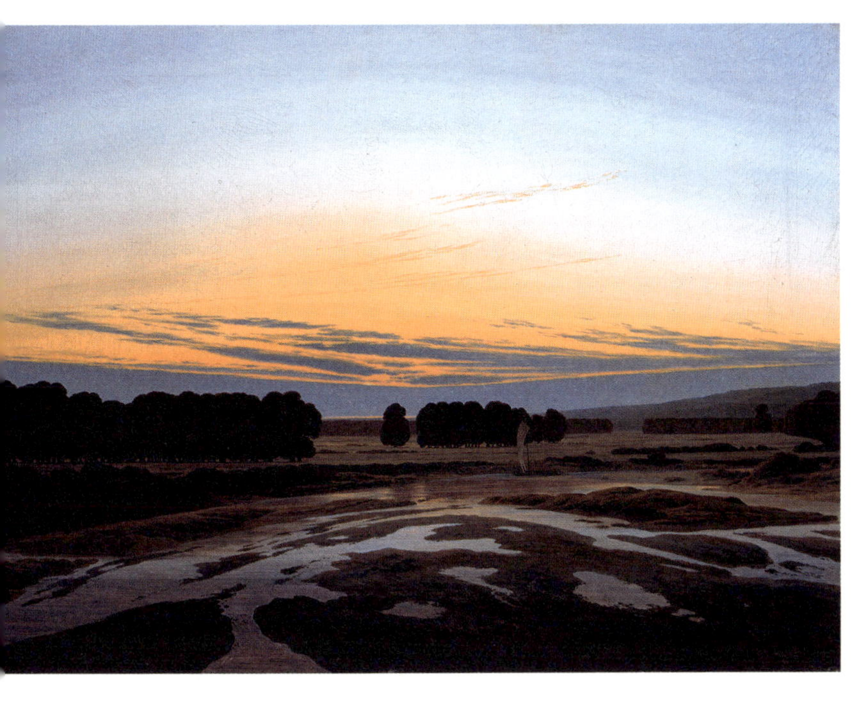

# E→ Eule

Zu den jüngsten Ergänzungen von Friedrichs Werkverzeichnis gehört die *Eule auf einem Baum*.[10] → S. 24 Nachdem der französische Bildhauer David d'Angers → Letzte Generation Friedrich im November 1834 in dessen Dresdner Atelier → Atelier besuchte hatte, schrieb er: »Erst nach langem Bitten kramt uns Friedrich einige Werke hervor, unter anderem ein Bild, das einen Baum darstellt. Er trägt keinerlei Laub; auf einem seiner Zweige hockt eine Eule, und das diffuse Licht des Mondes erhellt den Hintergrund. Kein Erdreich, in dem der Baum verwurzelt sein könnte. Eine Wirkung, die an Träumerei grenzt.«[11] In d'Angers' Nachlass-Inventar ist ein »kleines Gemälde (Eule auf einem Baum von Friedrich)« aufgeführt, das sich bis 1878 im Besitz seiner Nachfahren befand. Danach war der Verbleib des Bildes unbekannt – bis es 2011 auf der Website eines französischen Auktionshauses wieder auftauchte. Das Los stammte aus einer Haushaltsauflösung, Schätzwert »80 bis 100 Euro«. Es folgte ein Kunsthandelkrimi, bis das ungewöhnliche Gemälde für 6,5 Millionen Euro den Besitzer wechselte.

Tatsächlich schuf Friedrich Mitte der 1830er-Jahre, wenige Jahre vor seinem Tod, mehrere Sepiazeichnungen, in denen Eulen eine zentrale Rolle spielen – nicht, weil er sich in seinem Spätwerk Tierstudien zugewandt hätte, sondern wohl wegen der symbolischen Bedeutung des Nachtvogels als Todesbote und Memento Mori, aber auch als Symbol der Weisheit. Auf

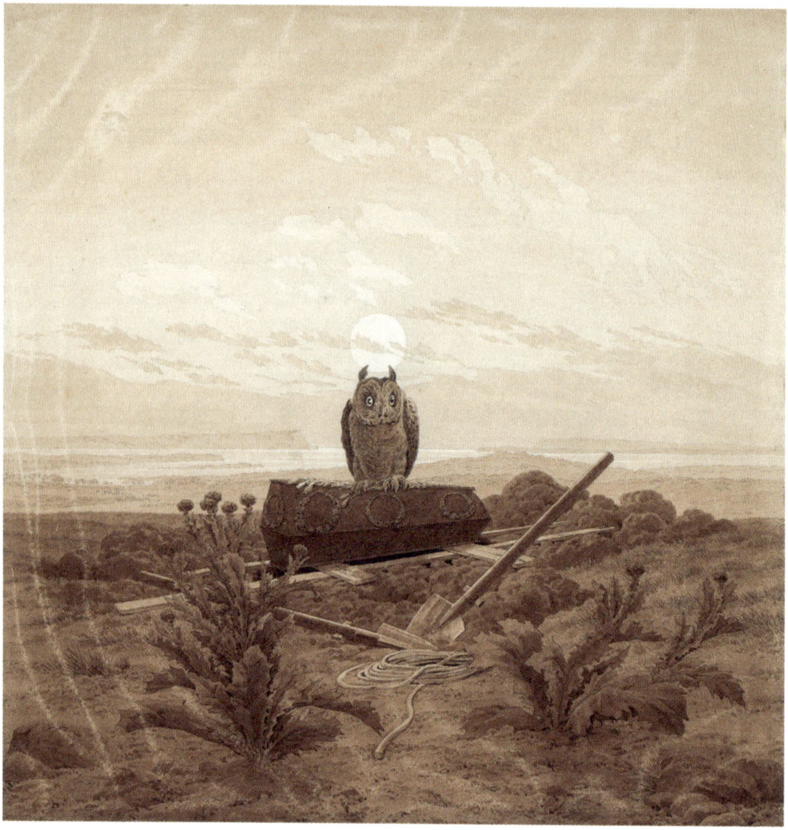

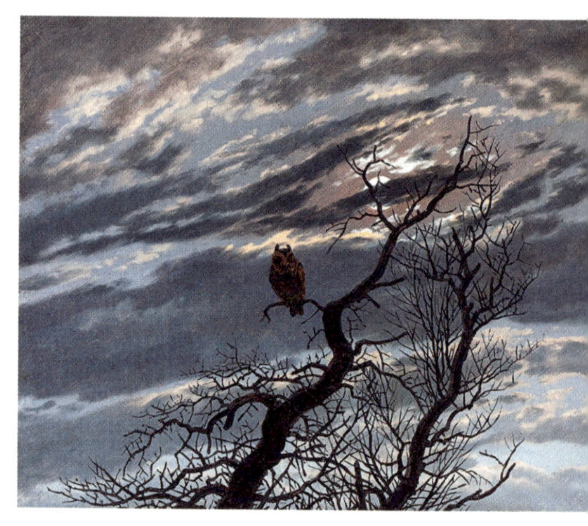

Friedrichs Blättern fliegt eine Eule buchstäblich dem Betrachtenden entgegen, oder sie hockt aufgeplustert in einem gotischen Fenster, auf einem Grabkreuz, auf der Schaufel eines Totengräbers oder als überdimensionale Gestalt auf einem Sarg.→S. 24 Es gibt neben diesen Sepiazeichnungen nur wenige Werke Friedrichs, in denen eine Figur ihren Blick fest auf ein Gegenüber außerhalb des Bildes richtet – namentlich seine Selbstporträts.→Frontispiz Es sieht so aus, als ob sich der Künstler – den manche Zeitgenossen für einen Kauz, also für eigentümlich hielten – mit der Eule identifizieren konnte.

*Landschaft mit Grab, Sarg und Eule* um 1836/37
Pinsel in Braun, Bleistift auf Velin 38,5 × 38,4 cm
Hamburger Kunsthalle, Kupferstichkabinett

*Eule auf einem Baum* um 1834
Öl auf Leinwand 25,2 × 31,1 cm
Privatbesitz

# F→ Fenster

Mit der *Frau am Fenster* (1822) [→S. 29] kommt Friedrich auf ein Motiv zurück, das ihn schon um 1805/06 in zwei Sepien [→Sepia] beschäftigt hatte: der Blick aus dem Fenster. Man geht davon aus, dass der Innenraum in den frühen Fenstersepien [→Innerlichkeit] und in der *Frau am Fenster* das Atelier des Künstlers zeigt. Nach seiner Heirat mit Caroline Bommer [→Jawort] und der Geburt ihrer ersten Tochter war die Familie 1820 umgezogen, aber auch die neue Wohnung bot einen Blick auf die Elbe. Das Modell für die *Frau am Fenster* war Friedrichs Ehefrau. Das Motiv einer Rückenfigur am Fenster ist in seinem Werk eine Ausnahme – obwohl oder vielleicht gerade weil Fensterbilder eine lange kunstgeschichtliche Tradition haben, die Friedrich möglicherweise hinter sich lassen wollte.

Der Kontrast zwischen Innen- und Außenwelt in diesem Gemälde könnte kaum größer sein. Die gedämpften Grün- und Brauntöne der Wand und der Fensterläden finden sich auch im Kleid der Rückenfigur wieder; sie gehören gewissermaßen derselben Sphäre an. Die Welt jenseits des Fensters scheint dagegen von anziehender Helligkeit erfüllt; die Allee am gegenüberliegenden Elbufer ist lichtdurchflutet, der Himmel hellblau und von kleinen weißen Wolken durchzogen. Tatsächlich gibt es in dem Bild nicht nur ein Fenster, sondern zwei: das untere, durch das die Frau ins Weite blickt, und das obere, durch das hinter den kreuzförmigen Sprossen nur der Himmel zu sehen ist und der Mast eines Schiffs, der das obere und das untere Fenster visuell miteinander verbindet. Das untere Fenster ist allseitig gerahmt, und der Ausblick wird links und rechts durch geschlossene Läden verkleinert; das obere wird durch den oberen Bildrand abgeschnitten und ruft so die Vorstellung von der Grenzenlosigkeit des Himmels hervor.

Fensterdarstellungen sind Bilder in Bildern und können Metaphern für die Malerei sein; dafür sprechen hier der Pinsel und die beiden Glasgefäße auf der Fensterbank, die an die Arbeitsutensilien in den Atelierbildern →Atelier von Georg Friedrich Kersting erinnern.→S. 7 Der Blick aus einem häuslichen Innenraum in die Außenwelt ist auch ein Sehnsuchtsmotiv. Es kann interpretiert werden als Sehnsucht nach dem Jenseits, als christliche Hoffnung – angedeutet im Fensterkreuz – auf ein Leben nach dem Tod.[12] Zugleich suggeriert die seitlich begrenzte Fensternische, dass der weltliche Spielraum der weiblichen Figur endlich ist. Sie ist auf eine Position gestellt, die der kreisrunde Schatten ihres langen Kleides auf dem Boden markiert. Umso bedeutsamer wirkt die sachte Neigung, mit der sich die Frau aus der Mittelachse des Bildes herausbewegt und nach draußen wendet.

*Frau am Fenster* 1822
Öl auf Leinwand 44 × 37 cm
Alte Nationalgalerie, Staatliche Museen zu Berlin

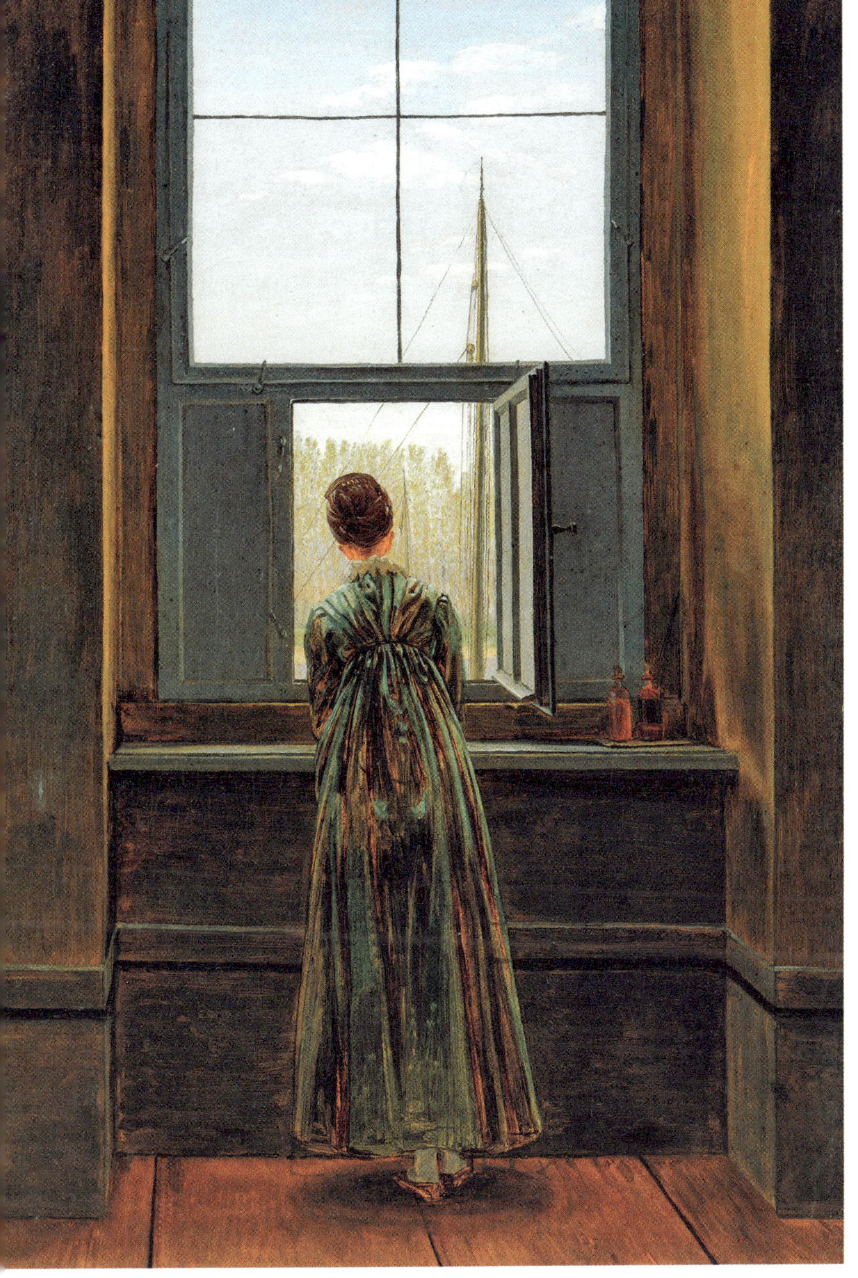

# G → Greifswald

Caspar David Friedrich wurde am 5. September 1774 in Greifswald geboren. Die Stadt war seit 1538 lutherisch, und so war auch Friedrichs Elternhaus – ebenso wie später Friedrichs Kunstverständnis – vom protestantischen Glauben geprägt. Das Anwesen in der Langen Straße, in dem sich heute das Caspar-David-Friedrich-Zentrum befindet, hatte sein Vater Adolf Gottlieb Friedrich (1730–1809) bereits in den 1760er-Jahren erworben. Er betrieb dort Werkstätten als »Fabrikant und Großhändler in Seife und Licht« – »Licht« war damals das Wort für Kerzen. Früh verlor der Künstler seine Mutter, Sophie Dorothea, geborene Bechly (1747–1781). Sie hinterließ ihren Mann und zehn Kinder, die nach ihrem Tod von einer Haushälterin versorgt wurden.

Die alte Hanse- und Universitätsstadt, die seit dem Westfälischen Frieden 1648 zum Königreich Schweden gehörte und zur Zeit von Friedrichs Geburt kaum fünftausend Einwohnerinnen und Einwohner zählte, liegt in Vorpommern an der südlichen Ostsee, wo der Fluss Ryck in eine Lagune, den Greifswalder Bodden mündet. Auch wenn sich Friedrich 1798, nach einem Kunststudium in Kopenhagen, dauerhaft in Dresden niederließ, kehrte er regelmäßig in seine Heimatstadt zurück, und viele bekannte Motive seines Werks – den Greifswalder Hafen mit seinen Segelschiffen, die Klosterruine im Ortsteil Eldena oder die vor der Küste gelegene Insel Rügen mit ihren berühmten Kreidefelsen – fand er dort und in der näheren Umgebung.

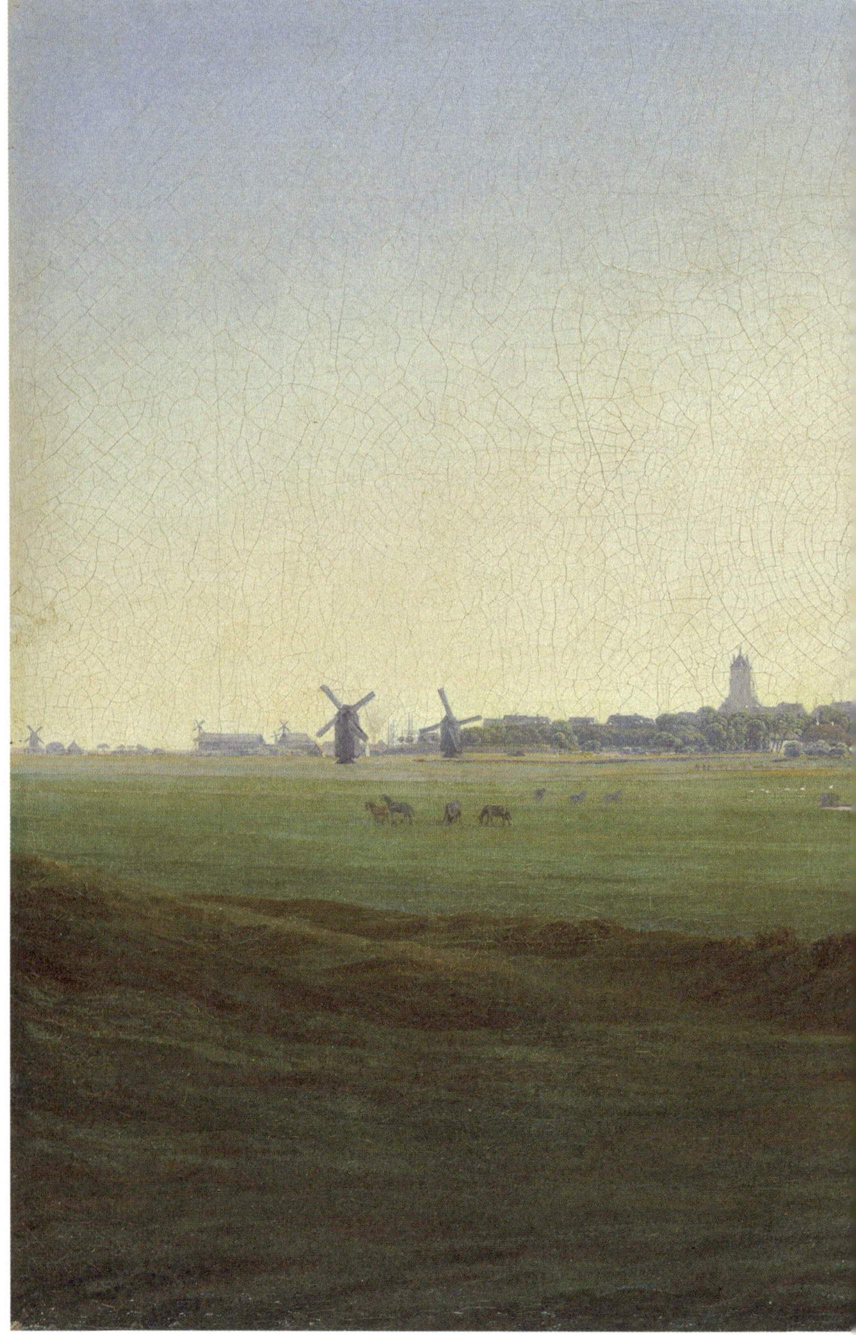

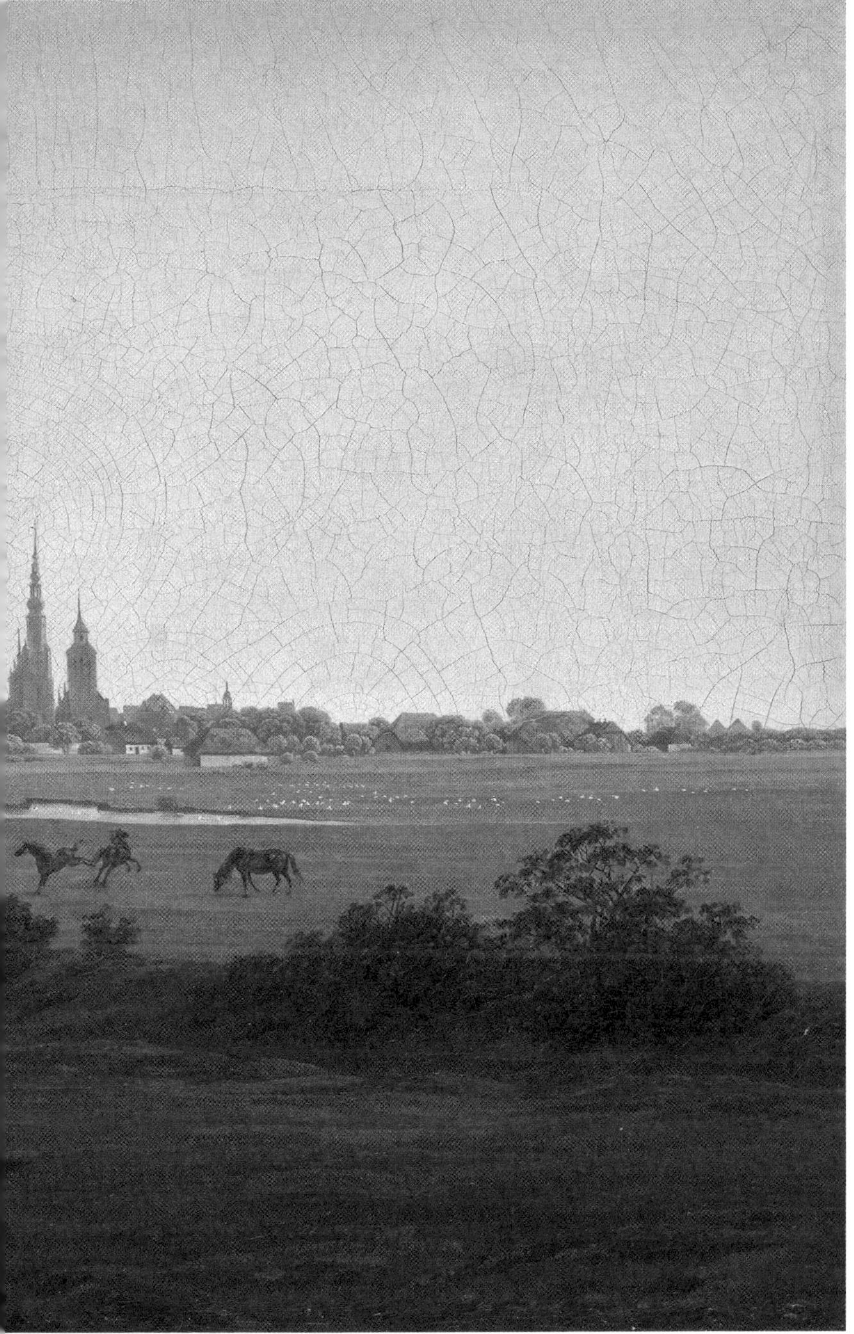

*Wiesen bei Greifswald* → S. 32/33 entstand wohl Anfang der 1820er-Jahre und zeigt die Stadt von Westen aus einer räumlichen Distanz, die durch die dunkle, von einem Erdwall und Sträuchern markierte Zone im Vordergrund betont wird. Dahinter erstreckt sich eine grüne Aue mit Pferden und einem Ententeich. Die bläuliche Silhouette der Stadt am Horizont wirkt so entrückt und immateriell wie eine Fata Morgana. Man erkennt von links nach rechts die Türme der drei größten Stadtkirchen, der Marienkirche, des Doms St. Nikolai, wo Friedrich getauft wurde, und der Jacobikirche. Exakt auf der Mittelachse des Bildes liegt eines der mittelalterlichen Stadttore. Dahinter beginnt die Lange Straße, die sich von Westen nach Osten bis zum Markt durch die Stadt hindurchzieht und an der auch Friedrichs Elternhaus lag.

***Wiesen bei Greifswald*** **um 1821/22**
**Öl auf Leinwand 34,5 × 48,3 cm**
**Hamburger Kunsthalle**

# H → Hafen

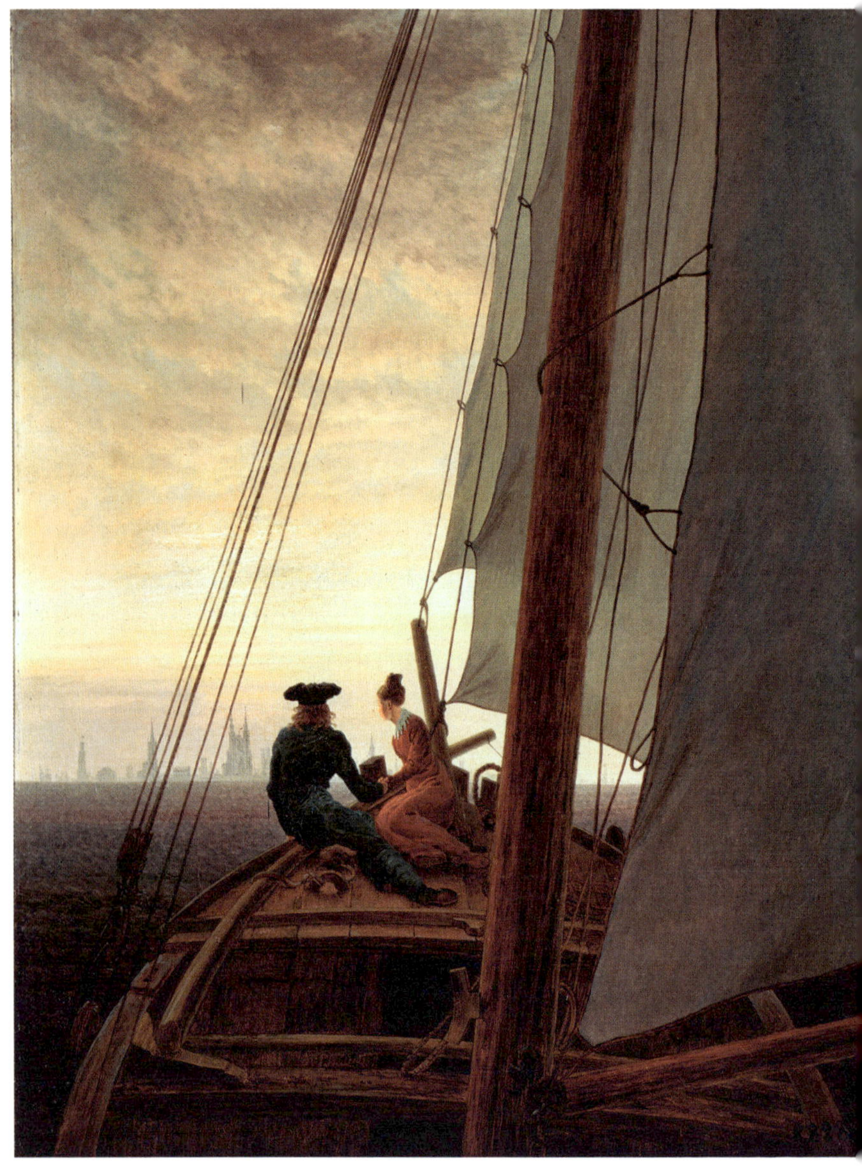

Friedrich wuchs in einer Hafenstadt auf, →Greifswald und so konnte er Anregungen für seine maritimen Bilder nicht nur in der Kunstgeschichte finden, etwa bei dem französischen Maler Claude Joseph Vernet (1714–1789), sondern auch in seiner unmittelbaren Umgebung. Viele Skizzen, die später in die Kompositionen seiner Seestücke einflossen, zeigen Motive aus dem Hafen von Greifswald. Seine Hafenansicht, →S. 38 die 1815/16 entstanden ist, war 1816 in einer Ausstellung in der Dresdner Kunstakademie zu sehen. Nach dieser Präsentation ernannte man Friedrich zum Mitglied der Akademie, was mit einem bescheidenen Jahresgehalt von 150 Talern verbunden war; das Gemälde wurde vom preußischen König Friedrich Wilhelm III. erworben.

In den »Hafen der Ehe« ist Friedrich 1818 durch seine Heirat mit Caroline Bommer eingelaufen. →Jawort An dieses Ereignis lässt sein Gemälde *Auf dem Segler* (um 1818–1820) denken. →S. 36 Ein Paar blickt auf eine Idealstadt am fernen Horizont, wo sich mehrere Kirchtürme abzeichnen. Die Sehnsucht des Paares richte sich daher, so eine gängige Lesart, weniger auf irdisches Glück, sondern in der christlichen Tradition auf das Jenseits und ein Leben nach dem Tod.[13] Das Ziel der Reise bleibt allerdings verschwommen; im Vordergrund steht ein universelles Gefühl von Fernweh und Aufbruchstimmung.

*Auf dem Segler* um 1818–1820
Öl auf Leinwand 71 × 56 cm
Eremitage,
Sankt Petersburg

*Hafen* 1815/16
Öl auf Leinwand 91 × 71 cm
Gemäldesammlung,
Stiftung Preußische Schlösser und Gärten

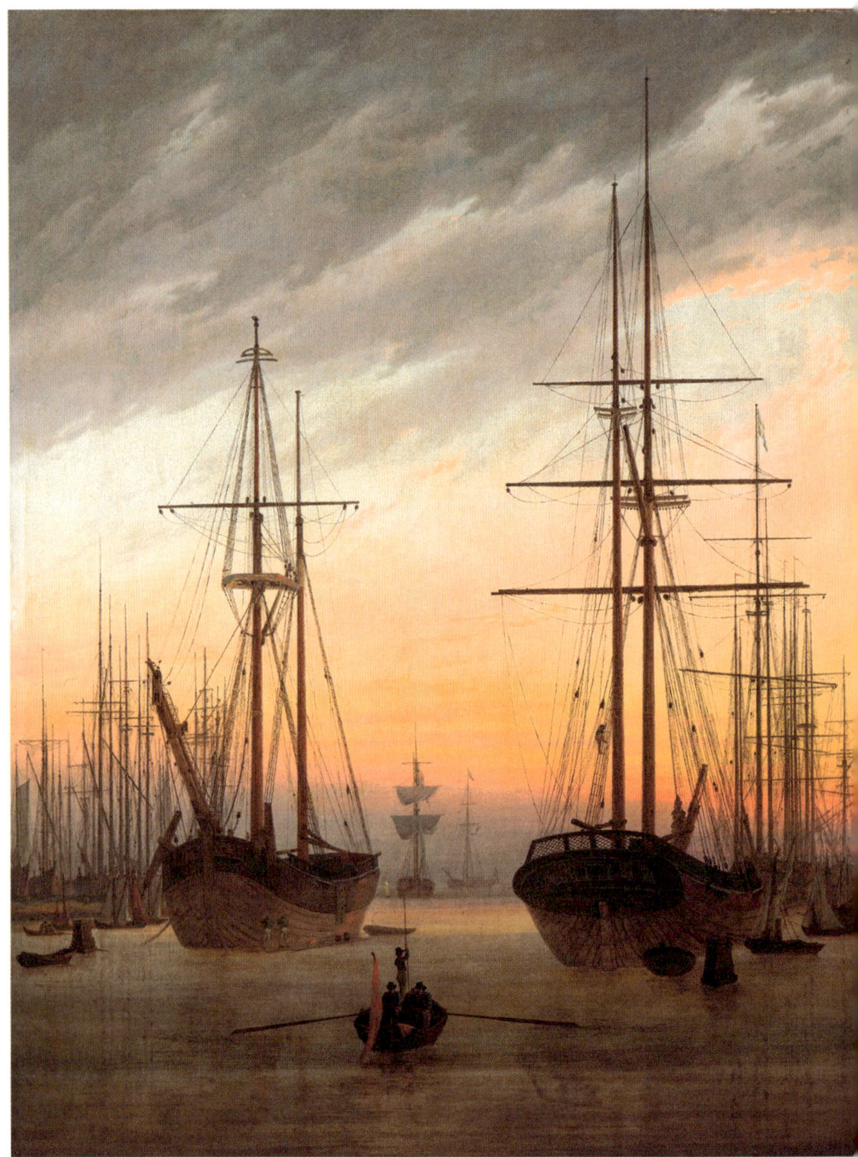

# I → Innerlichkeit

In der deutschen Sprache findet sich das Wort »Innerlichkeit« zuerst 1779 bei dem Dichter Friedrich Gottlieb Klopstock (1724–1803), dessen Schriften Friedrich gekannt haben könnte, und wenig später bei Johann Wolfgang von Goethe (1749–1832), der zu Friedrichs frühen Unterstützern gehörte.[14] Auch Friedrich bekannte sich zur Innerlichkeit und machte daraus ein künstlerisches Programm: »Der Maler soll nicht bloß malen, was er vor sich sieht, sondern auch, was er in sich sieht. Sieht er aber nichts in sich, so unterlasse er auch zu malen, was er vor sich sieht.«[15] Diese Aussage weist darauf hin, wie sich seine Bilder betrachten lassen – als Ansichten seiner Innenwelt.

Friedrichs sogenannte »Fenstersepien« (um 1805/06) zeigen Blicke aus seinen beiden Atelierfenstern auf die Elbe. Sie sind nach dem Prinzip des Goldenen Schnitts komponiert.→Konstruktion Indem Friedrich die Fensterbilder, aber auch spätere Werke, einem System unterwirft, unterstreicht er, dass er nicht bloß malt, was er vor sich sieht – selbst wenn der Blick auf den Fluss und das gegenüberliegende Ufer zunächst realistisch wirkt. Auch alltägliche Dinge wie der an der Wand hängende Schlüssel, der auf der Fensterbank liegende, an Friedrich adressierte Brief oder die Schere sollen als Bedeutungsträger verstanden werden; so könnte die Schere auf den Goldenen Schnitt anspielen und der Schlüssel auf die verschlüsselte Bedeutung des Bilderpaares.

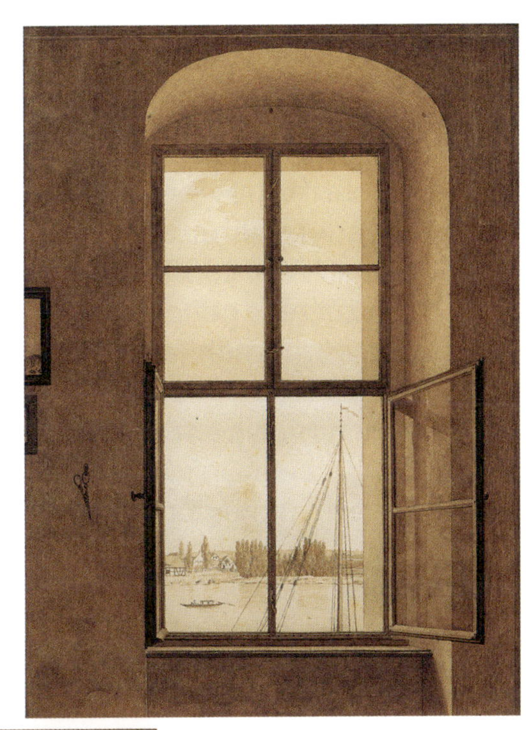

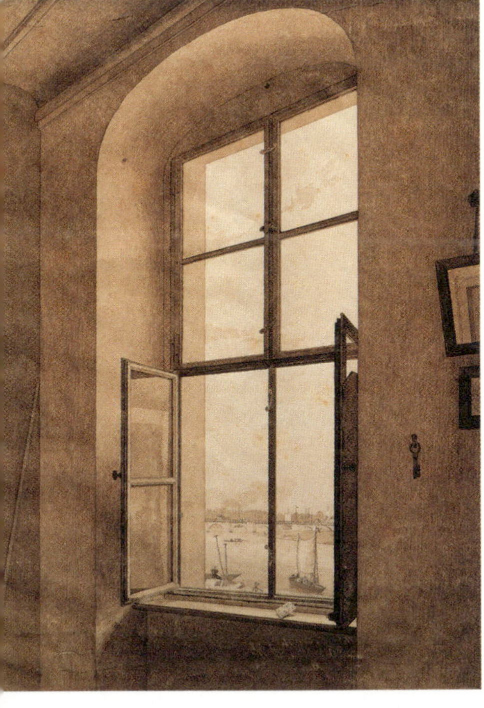

Eines zeigen die Fenstersepien jedoch ganz deutlich, nämlich dass durch den Künstler und durch seine Sicht ein Riss geht. Denn während das rechte Fenster fast frontal dargestellt ist, wird das linke in Schrägsicht erfasst. Am rechten Rand des linken Bildes und am linken Rand des rechten sieht man jeweils einen Teil eines gerahmten, quasi gespaltenen Spiegels, in dessen rechter Hälfte der Künstler ein Selbstporträt platziert hat. Das Bilderpaar zeigt Friedrich als »Dividuum«, als teilbar, vielleicht sogar gebrochen; zugleich demonstriert es, dass er schon am Beginn seiner Laufbahn bereit war, von gängigen Standpunkten und ästhetischen Konventionen abzuweichen.

*Blick aus dem Atelier des Künstlers, rechtes Fenster* um 1805/06
Bleistift, Feder und Pinsel in Braun 31,4 × 23,5 cm
Österreichische Galerie Belvedere, Wien

*Blick aus dem Atelier des Künstlers, linkes Fenster* um 1805/06
Bleistift, Feder und Pinsel in Braun 31,2 × 23,7 cm
Österreichische Galerie Belvedere, Wien

J→ # Jawort

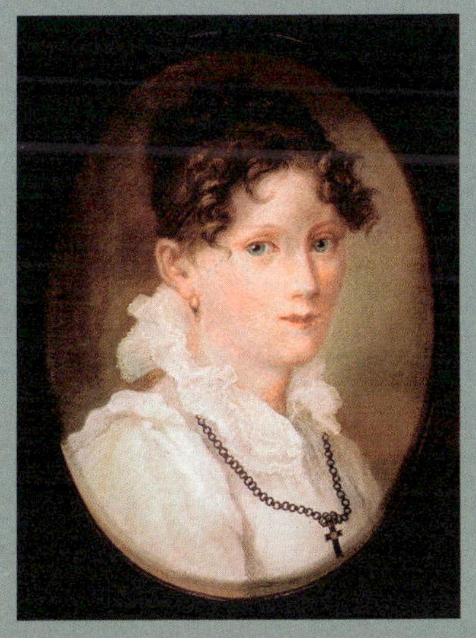

Es scheint den Freundeskreis des Künstlers überrascht zu haben, dass sich Caspar David Friedrich und Caroline Bommer →S. 43 im Januar 1818 in Dresden →Dresden das Jawort gaben. Als »den Unpaarsten aller Unpaaren« bezeichnete ihn Helene von Kügelgen, die mit ihrem Mann, Gerhard von Kügelgen, zu Friedrichs Vertrauten gehörte. Einige der bekanntesten Bilder Friedrichs – wie die *Kreidefelsen auf Rügen* →S. 45 und die *Frau vor der untergehenden Sonne* (oder: *aufgehenden Sonne*) →S. 81 – werden mit diesem Umschwung in Zusammenhang gebracht. Im Sommer 1818 reiste das Paar nach Greifswald zu Friedrichs Familie und nach Rügen, wo Friedrich schon früher auf seinen Wanderungen gezeichnet und Motive wie das Kap Arkona →S. 84 für seine Kompositionen gesammelt hatte.

*Kreidefelsen auf Rügen* wird oft als Hochzeitsbild gesehen, gibt aber Rätsel auf. Denn es zeigt nicht, wie zu erwarten, ein Paar, sondern drei Figuren, die an einem Abgrund angekommen sind. Die Frau hält sich an Baumwurzeln fest und deutet in die Tiefe, am rechten Bildrand trotzt eine männliche Gestalt in altdeutscher Tracht der schwindelerregenden Situation und blickt souverän aufs Meer, wo zwei kleine Boote – wohl Symbole der Lebensreise – segeln. In der Mitte liegt eine zweite Männergestalt am Boden. Sie hat ihre Kopfbedeckung und den Wanderstab abgelegt und ertastet bäuchlings – als fürchte sie abzustürzen – den Rand der Steilküste. Am oberen Bildrand greifen die Zweige zweier

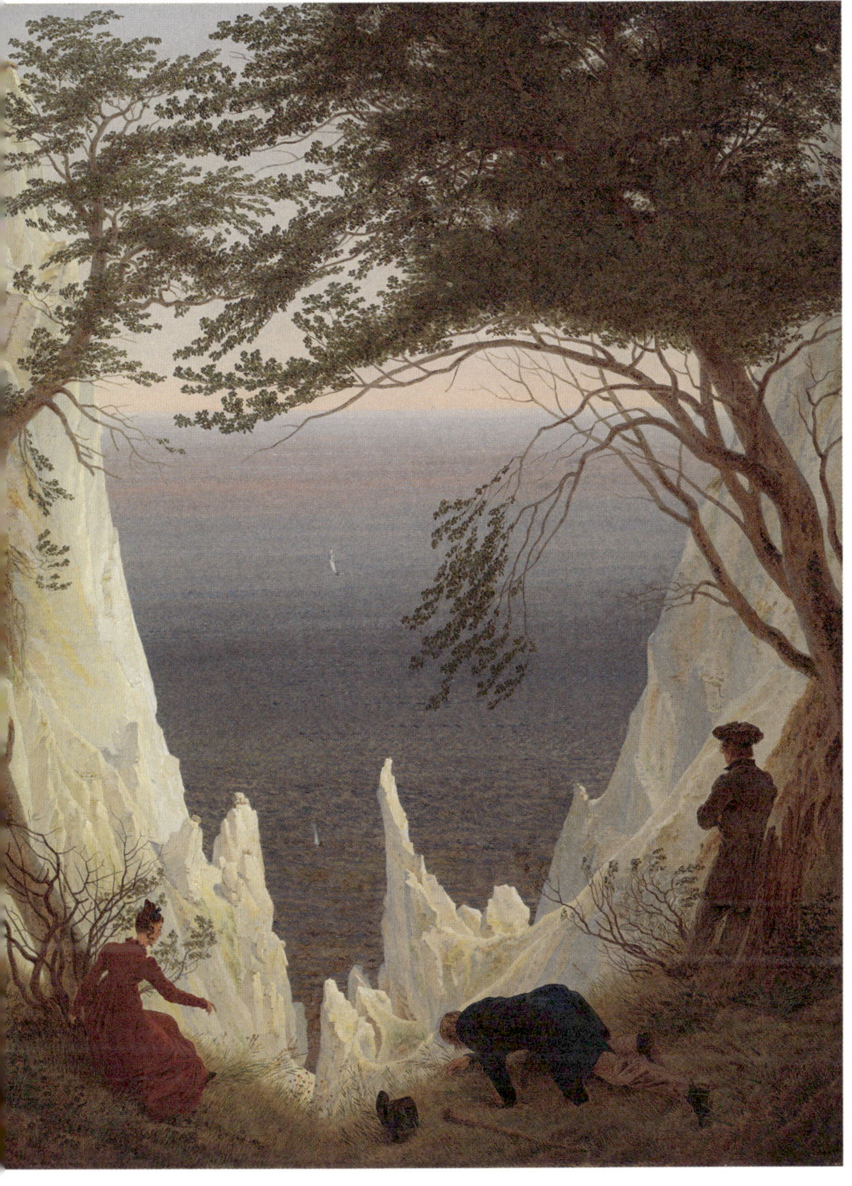

Bäume wie in einer Umarmung ineinander und bilden mit den Stämmen und dem Rasenplateau im Vordergrund eine Herzform. Die Szenerie ist keine topografisch präzise Wiedergabe der berühmten Kreidefelsen auf Rügen, sondern von Friedrich komponiert, so wie auch die beiden Bäume seine Ergänzung sind.

Friedrich datierte und betitelte seine Ölbilder nicht, was die Spielräume für Interpretationen erweitert. Die *Frau vor der untergehenden Sonne* (oder: *aufgehenden Sonne*) →S. 81 ist dafür ein gutes Beispiel.[16] Das Gemälde, etwa so groß wie ein DIN-A4-Blatt, wird meist um das Jahr 1818 datiert und als Bild von Friedrichs Frau verstanden, die zu dieser Zeit mit dem ersten Kind des Paares schwanger gewesen sein könnte; danach begrüßt die Dargestellte mit einer Geste der Andacht oder Anbetung den beginnenden Tag, der metaphorisch auch für neues Leben stehen könnte. Doch bleibt die Rückenfigur anonym und damit eine Projektionsfläche, die zu weiteren Deutungen einlädt – zum Beispiel, das Bild sei bereits einige Jahre vor der Eheschließung entstanden und die Dargestellte eine Jugendliebe Friedrichs, Juliane Stoye.[17] Unübersehbar ist jedoch, dass Friedrich die zentrale weibliche Figur weder als Ehefrau noch als werdende Mutter kennzeichnete, sondern allein eine Landschaftserfahrung als solche in den Mittelpunkt stellt.

Traugott Pochmann
*Porträt Caroline Friedrich* um 1824
Öl auf Leinwand Privatbesitz

*Kreidefelsen auf Rügen* 1818
Öl auf Leinwand 90,8 × 70,6 cm
Kunst Museum Winterthur / Reinhart am Stadtgarten

# K → Konstruktion

Die Begriffe »Romantik« und »Mathematik« werden wohl die wenigsten Menschen auf Anhieb in Zusammenhang bringen. Der eine wird eher mit Gefühl, der andere eher mit Rationalität verknüpft. Das galt womöglich schon für Friedrichs Zeitgenossen. Vordenker der Romantik wie der Dichter Friedrich von Hardenberg alias Novalis (1772–1801) oder der Philosoph und Theologe Friedrich Schleiermacher (1768–1834), der Friedrich 1810 im Atelier besuchte, strebten jedoch danach, scheinbare Widersprüche zu vereinen. »Mitten in der Endlichkeit eins werden mit dem Unendlichen« lautete Schleiermachers Definition des Glaubens in seinem einflussreichen Buch *Über die Religion. Reden an die Gebildeten unter ihren Verächtern* von 1799. Und wenn die Welt, wie Novalis formulierte, »romantisiert« werden muss, um ihren »ursprünglichen Sinn« wiederzufinden, dann konnte diese Romantisierung auch auf die Mathematik ausgedehnt werden.[18] Tatsächlich lässt sich die Vorstellung, dass der Kosmos nach geometrischen Prinzipien geordnet ist, bis in die antike Philosophie zurückverfolgen, und im Mittelalter wurde der christliche Gott als Architekt des Universums mit einem Zirkel in der Hand dargestellt.

Vor diesem Hintergrund leuchtet ein, warum Friedrich seine Bildwelten oft mithilfe geometrischer Prinzipien konstruierte. Zu diesen gehört auch der Goldene Schnitt, ein Teilungsverhältnis von Strecken, das in der Renaissance

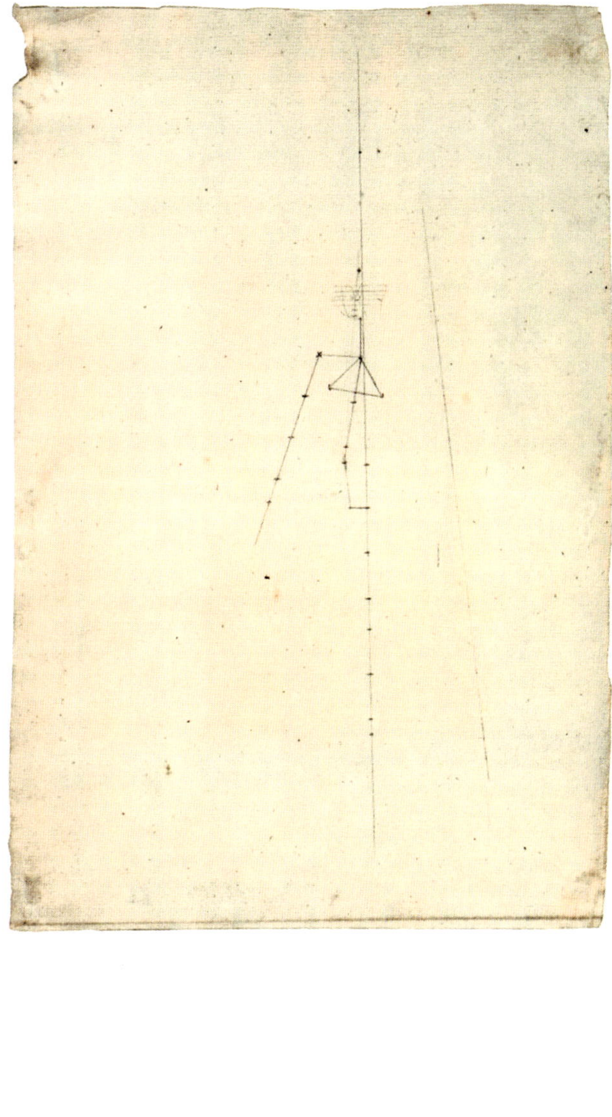

als »divina proportione«, als »göttliche Proportion« bezeichnet wurde.[19] Diese findet sich auch in der Natur, etwa bei der Anordnung von Blättern mancher Pflanzen, und wird oft als besonders ausgewogen und harmonisch wahrgenommen. Ein frühes Beispiel für Friedrichs Anwendung des Goldenen Schnitts sind seine Fenstersepien.→S. 41 Leichter erkennbar ist Friedrichs Vorliebe für Symmetrieachsen, etwa in der *Frau vor der untergehenden Sonne* (oder: *aufgehenden Sonne*),→S. 81 und für Hyperbeln, wie im *Großen Gehege*.→S. 21 Durch den Einsatz solcher Konstruktionsprinzipien entstanden Werke, in denen alles bedeutungsvoll und auf geradezu magische Weise am richtigen Platz zu sein scheint.

*Schema eines Aktes* um 1790–1794
Bleistift auf Bütten 20,1 × 19,9 cm
Pommersches Landesmuseum, Greifswald

# L → Letzte Generation

»Hier ist ein Mann, der die Tragödie der Landschaft entdeckt hat«, soll der französische Bildhauer David d'Angers ausgerufen haben, als er im November 1834 Caspar David Friedrichs Atelier besuchte.[20] Diese viel zitierte Formulierung lässt sich so verstehen, dass Friedrichs Landschaften bei ihrem damaligen Publikum Gefühle wie Furcht und Mitleid ausgelöst haben. Zugleich klingt darin an, dass seine Bilder keine naturalistischen Wiedergaben realer Landschaften, sondern kunstvoll komponierte Inszenierungen sind.

Heute gilt der Blick auf reale Landschaften oft ganz konkreten Tragödien – dem sterbenden Eis der Antarktis, zerstörerischen Überflutungen oder verheerenden Waldbränden. Und umgekehrt prägt der Klimawandel zunehmend auch den Blick auf die Kunst. *Everybody Talks About the Weather,* »Alle reden vom Wetter«, lautete 2023 der Titel einer Ausstellung in der Fondazione Prada in Venedig, einer Stadt, die offenkundig von einem steigenden Meeresspiegel existenziell bedroht ist. Um auf diese Gefahr hinzuweisen, wurden im Erdgeschoss des Palazzo Ca' Corner della Regina am Canal Grande keine originalen Kunstwerke gezeigt, sondern lediglich Reproduktionen, darunter auch Friedrichs katastrophisches *Eismeer* (um 1823/24).→S. 94/95

*Der Wanderer über dem Nebelmeer* (um 1817/18) →S. 53 ist ein weiteres berühmtes Bild Friedrichs,

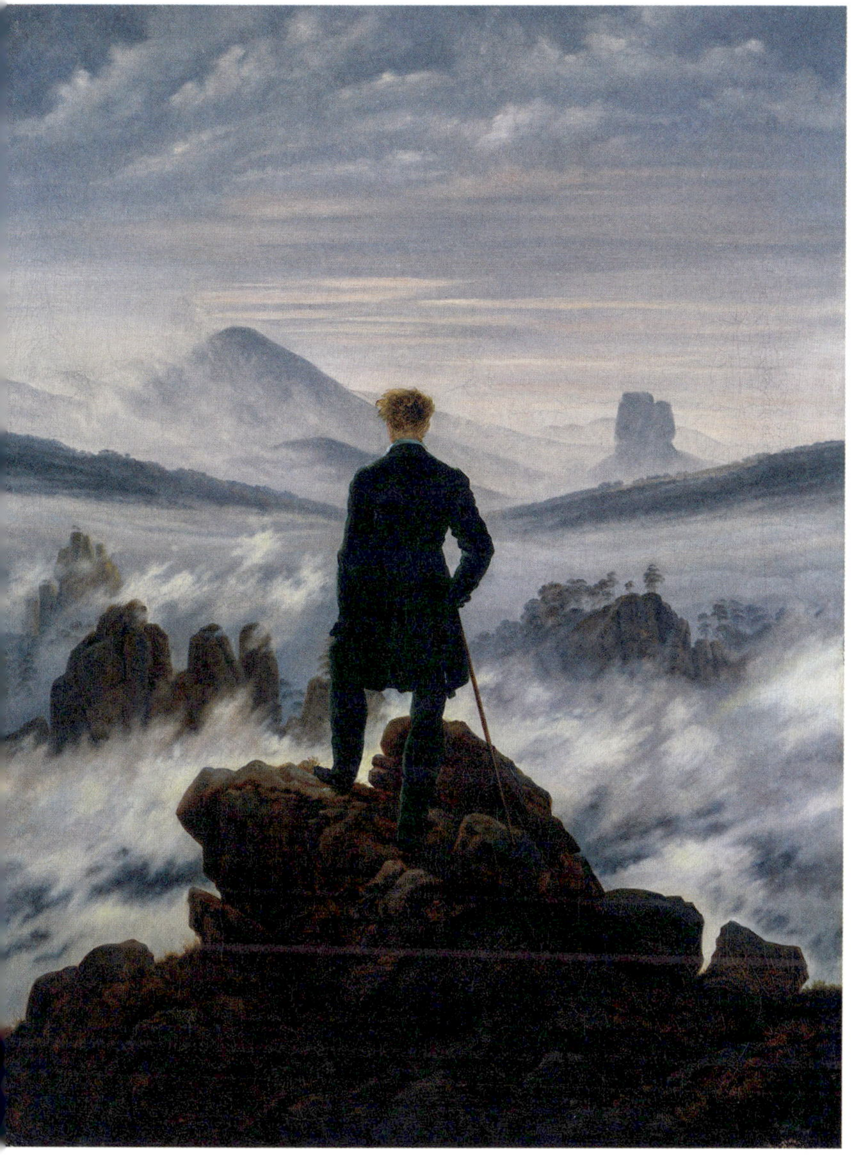

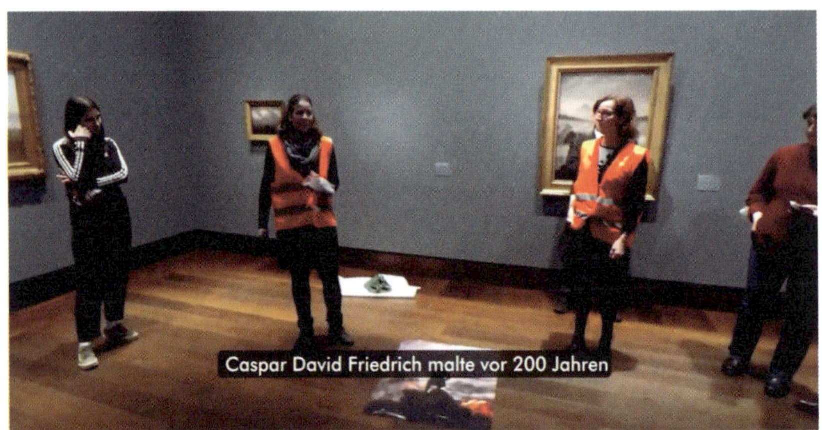
Caspar David Friedrich malte vor 200 Jahren

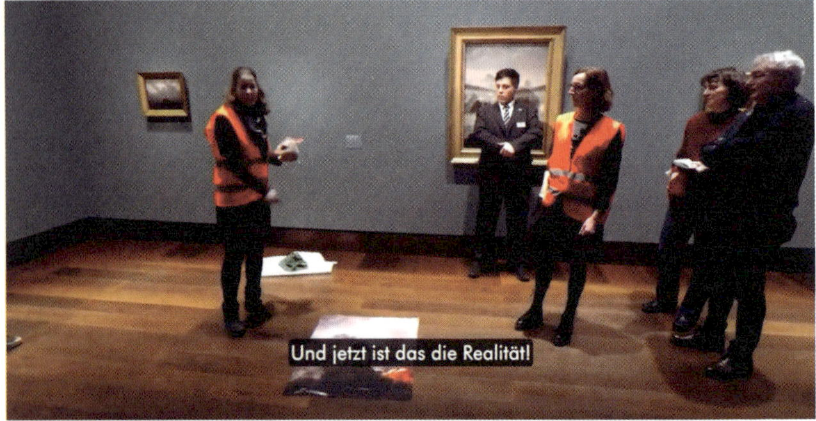
Und jetzt ist das die Realität!

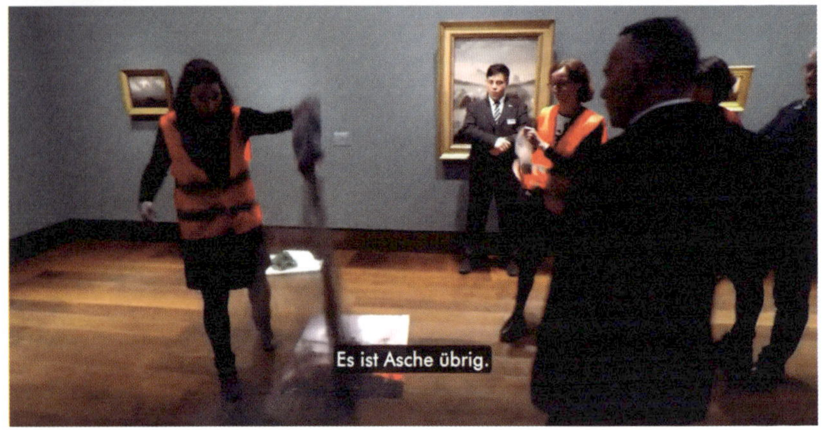
Es ist Asche übrig.

das immer wieder in neue Zusammenhänge gebracht wurde und zahlreiche Umdeutungen erfahren hat.→ Wanderer Im März 2023 wählten zwei Aktivistinnen der Letzten Generation dieses Gemälde in der Hamburger Kunsthalle als Kulisse für eine zuvor angekündigte Aktion. Dazu erfanden sie eine »realistische Version« (L. G.) des Motivs, in der dieser Wanderer nicht auf eine neblige Berglandschaft der Sächsischen Schweiz, sondern auf ein flammendes Inferno voller Rauchschwaden blickt – der »Wanderer im Feuermeer«. Der Versuch, Friedrichs verglastes Gemälde mit dieser Variante zu überkleben, scheiterte an den Sicherheitsleuten. So legten die Aktivistinnen ihr Plakat vor dem Original auf den Boden und streuten Asche darauf, die von den Waldbränden des Sommers 2022 in der Sächsischen Schweiz stammte. Dass die Zerstörung von Landschaften durch Brände und Dürren, Überschwemmungen und Gletscherschmelzen auch Friedrich aufgerüttelt hätte, lässt sich ohne Weiteres vorstellen.

*Der Wanderer über dem Nebelmeer* um 1817/18
Öl auf Leinwand 94,8 × 74,8 cm
Hamburger Kunsthalle

Filmstills aus der Aktion in der Hamburger Kunsthalle:
*Wanderer im Feuermeer* 2023
https://twitter.com/AufstandLastGen/status/
1637473245828923392?lang=de; (letzter Aufruf: 26.10.2023)

# M → Mond

»Landstraße. Ein Baum. Abend.« Mit dieser Szenenbeschreibung beginnt ein ikonisches Theaterstück der Moderne, Samuel Becketts *Warten auf Godot*, dessen französische Fassung 1953 in Paris uraufgeführt wurde. Gegen Ende des ersten Akts fragt eine der beiden Hauptfiguren die andere: »Was machst du?« Antwort: »Dasselbe wie du, ich gucke in den Mond.«

Es ist kein Zufall, dass diese Zitate entfernt an ein Nachtbild von Friedrich erinnern. Beckett reiste 1936/37 durch Deutschland, wo seit 1933 die nationalsozialistische Diktatur herrschte, und besichtigte bei seinem Aufenthalt auch bedeutende Museen wie die Hamburger Kunsthalle und die Alte Pinakothek in München; im Februar 1937 besuchte er gleich mehrmals den Dresdner Zwinger. Dort entwickelte er laut einem Tagebucheintrag vom 14. Februar eine »angenehme Vorliebe für 2 winzige müde Männer in seinen Landschaften, wie in der kleinen Mondlandschaft«.[21]

Neben dem Gemälde in Dresden befinden sich zwei weitere Versionen des Werks in der Berliner Nationalgalerie und im New Yorker Metropolitan Museum. Zwei Rückenfiguren stehen dicht nebeneinander auf einem von links nach rechts diagonal abfallenden Weg; eine entwurzelte, abgestorbene Eiche und ein sie stützender Felsen neigen sich in die entgegengesetzte Richtung. Die Blicke der beiden richten sich auf den Mond im Zentrum der Komposition. Einer der Männer

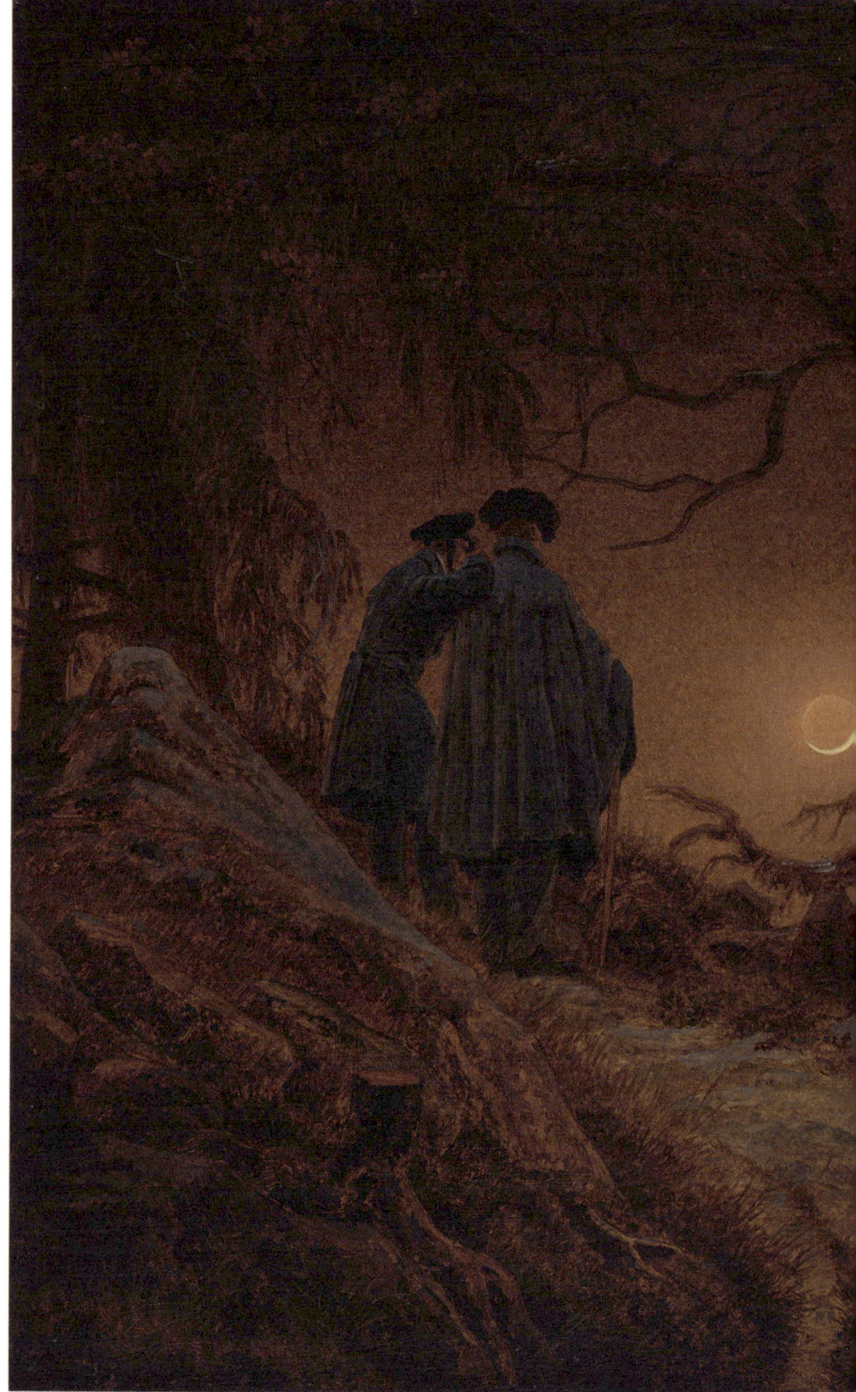

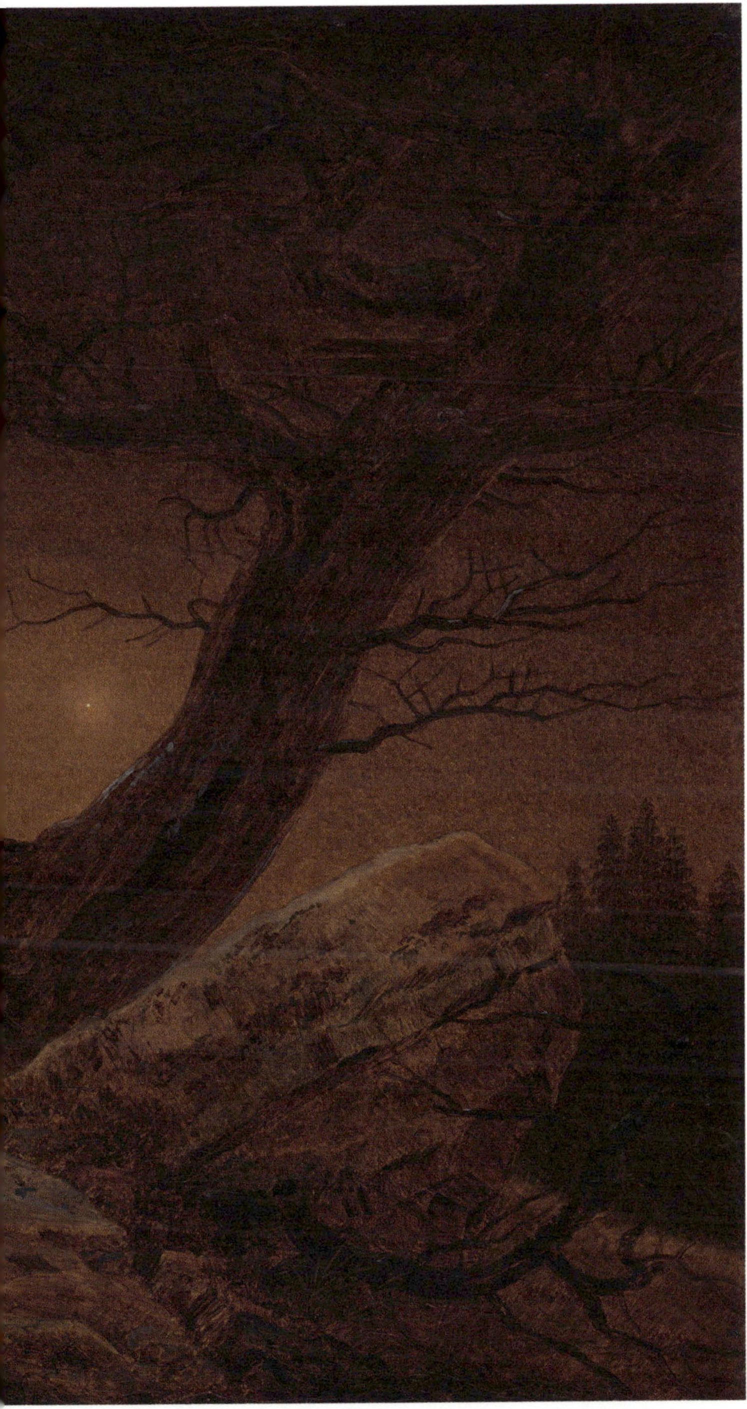

trägt die altdeutsche Tracht; diese war ein Erkennungszeichen des nationalliberalen, Freiheitsrechte fordernden Bürgertums, das nach dem Wiener Kongress 1814/15 harten Repressionen durch die herrschenden Fürsten ausgesetzt war. Daher lautet eine politische Interpretation des Gemäldes, der Mond stehe für Wandel, und die dunkle Gegenwart werde einer hellen Zukunft weichen.[22] Vielleicht hat Beckett in Friedrichs Bild intuitiv eine leise Widerständigkeit wahrgenommen, die im Gegensatz zu dem abstoßenden Getöse und den brutalen politischen Verhältnissen des Landes stand, in dem er sich aufhielt. Jedenfalls war Friedrichs Nachtbild für Beckett »die einzige Art von Romantik, die noch tolerabel ist, die in Moll«.[23]

*Zwei Männer in Betrachtung des Mondes* 1819/20
Öl auf Leinwand 33 × 44,5 cm
Galerie Neue Meister, Staatliche Kunstsammlungen Dresden

# N → Nebel

Mit dem *Meeresstrand im Nebel* →S. 62/63 betrat Friedrich um 1807 neues Terrain: die Ölmalerei. Bis dahin hatte er gezeichnet, mit Wasserfarbe und Gouache gearbeitet und sich mit großformatigen Sepien →Sepia einen Namen gemacht. Im *Meeresstrand im Nebel* übertrug er die tonalen Übergänge der Sepiatechnik, die atmosphärische Lichteffekte erzeugen, auf die Malerei. Und auch das Medium selbst – seine Möglichkeit, etwas zu zeigen oder zu verbergen – wird hier zum Thema. Im Vordergrund des Bildes ist eine schmale Uferzone zu sehen; dort liegen ein Anker und zwei gegabelte, krückenähnliche Stöcke, die Fischer aufstellen, um ihre Netze daran aufzuhängen. Man kann diese Dinge nicht nur als alltägliche Arbeitsgeräte betrachten, sondern ihnen symbolische Bedeutungen zuschreiben. So könnte der Anker für Hoffnung stehen und das Ruderboot für eine Barke, die die Seelen der Toten ins Jenseits bringt.[24]

Im gleichen Jahr entstand ein ungefähr gleich großes Pendant. Der *Meeresstrand mit Fischer* →S. 66/67 zeigt eine ähnliche Landschaft, vermittelt aber eine konträre Stimmung. Die Uferzone ist mit Gras und Sträuchern bewachsen, die Reusen sind ordentlich aufgehängt, und auf einer kleinen Anhöhe in der Mitte des Uferstreifens betrachtet ein Fischer das ruhige Wasser. Über dem tiefen Horizont hellt sich der Himmel auf. Friedrich selbst hat beschrieben, was die Veränderungen der Landschaft, die das Bilderpaar motivieren, in ihm auslösen konnten:

»Heute ruft mir zum ersten Mal die sonst so herrliche Gegend Vergänglichkeit und Tod zu, da sie mir sonst nur Freude und Leben entgegenlächelte«, notierte er 1803 in seinem Tagebuch. »Erblasst liegt die ganze Natur vor mir.«[25]

Der *Meeresstrand im Nebel* ist nicht nur ein Bild der Orientierungslosigkeit und des Ungreifbaren. Mit seiner Unbestimmtheit bietet es auch Raum für Subjektivität und veranschaulicht vielleicht sogar das wattige Gefühl im Kopf, das heute als Brain Fog oder Gehirnnebel bekannt ist.

*Meeresstrand im Nebel* 1807
Öl auf Leinwand 34,2 × 50,2 cm
Österreichische Galerie Belvedere, Wien

*Meeresstrand mit Fischer* 1807
Öl auf Leinwand 33,5 × 51 cm
Österreichische Galerie Belvedere, Wien

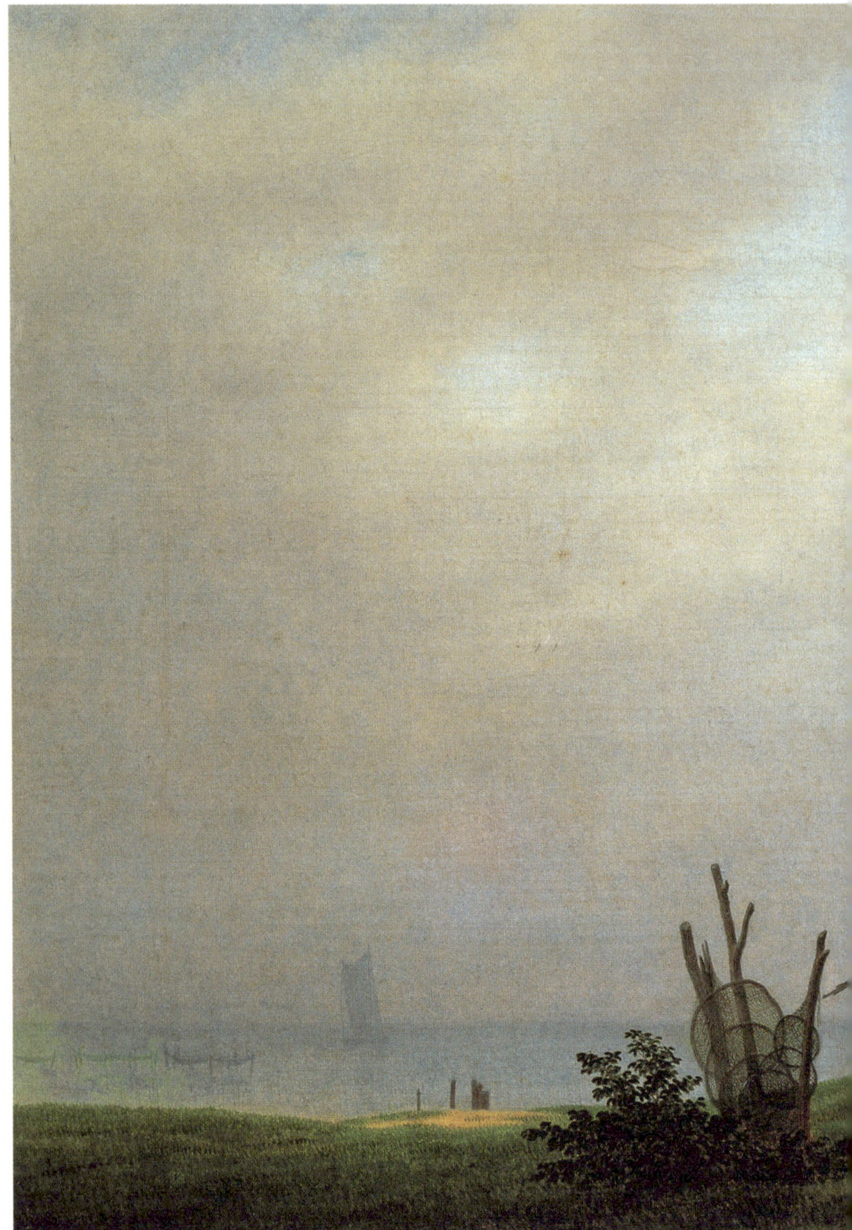

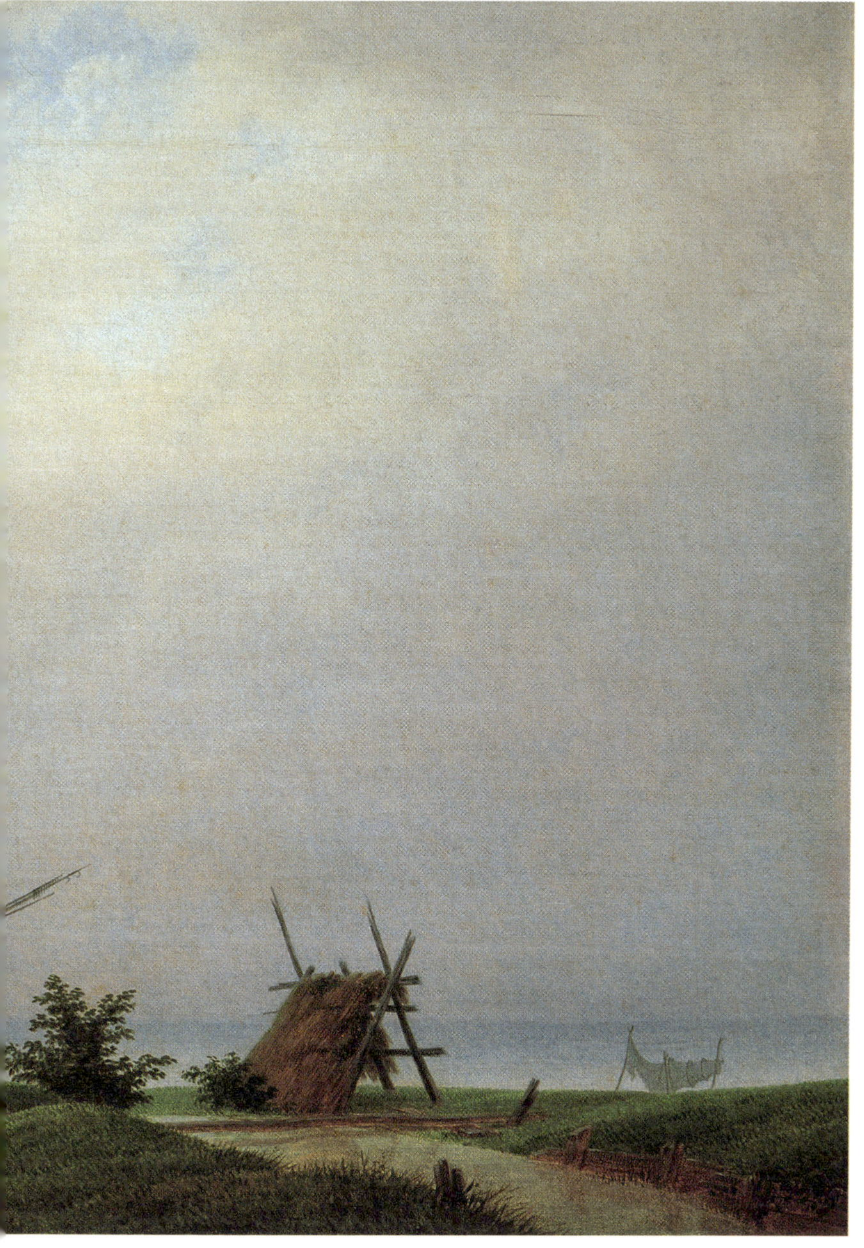

# O → Oybin

Man muss sich Friedrich als einen politischen Menschen vorstellen.→Politik In einem Brief an Ernst Moritz Arndt (1769–1860) vom 12. März 1814 wetterte er: »Ich wundere mich keineswegs, dass keine Denkmäler errichtet werden, weder die, so die große Sache des Volkes bezeichnen, noch die hochherzigen Taten einzelner deutscher Männer. Solange wir Fürstenknechte bleiben, wird auch nie etwas Großes der Art geschehen. Wo das Volk keine Stimme hat, wird dem Volk auch nicht erlaubt, sich zu fühlen und zu ehren.«[26]

Tatsächlich hatte Friedrich schon 1813 ein Denkmal für die Kämpfer der Befreiungskriege gegen die napoleonische Besatzung entworfen, die er in Dresden miterlebt hatte. Mit seinem Gemälde *Huttens Grab* (um 1823/24) →S. 71 nimmt er auf dieses nicht verwirklichte Projekt noch einmal Bezug. Konkreter Anlass war der dreihundertste Todestag des Ulrich von Hutten (1488–1523), der wegen seiner Kritik am verweltlichten Papsttum und als Verfechter der Luther'schen Reformation verfolgt wurde. Zu Friedrichs Zeit sah man in dem Renaissance-Humanisten, der das »römische Joch« abwerfen wollte, auch ein Vorbild für die Befreiungskrieger gegen Napoleon und für deutsche Patrioten.

Friedrich verlegt Huttens Grab, das sich eigentlich auf einer Insel im Zürichsee befindet, in eine fiktive Kulisse. Das Vorbild für die gotische Ruine, die den Hintergrund des Gemäldes bildet, fand er schon 1810 auf dem Oybin, einem

Felsmassiv im Zittauer Gebirge. Dieses Bildelement erscheint aus heutiger Perspektive erstaunlich widersprüchlich, denn die gotische Kathedrale ist eine Erfindung aus dem katholischen Frankreich, und das Kloster auf dem Oybin wurde im Zuge der Reformation – der sich Friedrich religiös zugehörig fühlte – Anfang des 16. Jahrhunderts aufgelöst und dadurch dem Verfall ausgesetzt.

An Huttens Grab betrachtet eine Figur in altdeutscher Tracht die dem Sarkophag eingeschriebenen Namen und Daten: »Jahn 1813«, »Arndt 1813«, »Stein 1813«, »Görres 1821« und »F. Scharnhorst«. Figuren wie Arndt oder der sogenannte »Turnvater« Friedrich Ludwig Jahn (1778–1852) sind heute aufgrund antisemitischer, nationalistischer, militaristischer und frankophober Äußerungen Gegenstand von Kontroversen. Beispielhaft dafür ist die Entscheidung der Universität Greifswald →Greifswald aus dem Jahr 2017, ihren 1933 verliehenen Namen »Ernst-Moritz-Arndt-Universität« abzulegen. *Huttens Grab* ist also nicht nur ein Erinnerungsbild an die Befreiungskriege und nationalliberale, republikanische Ideale. Es kann auch als Sprungbrett in die europäische (Kunst-) Geschichte dienen und die Frage aufwerfen, wie sich Bedeutungen erzeugen, verschieben und entziffern lassen.

*Huttens Grab* um 1823/24
Öl auf Leinwand 93,5 × 73,4 cm
Klassik Stiftung Weimar

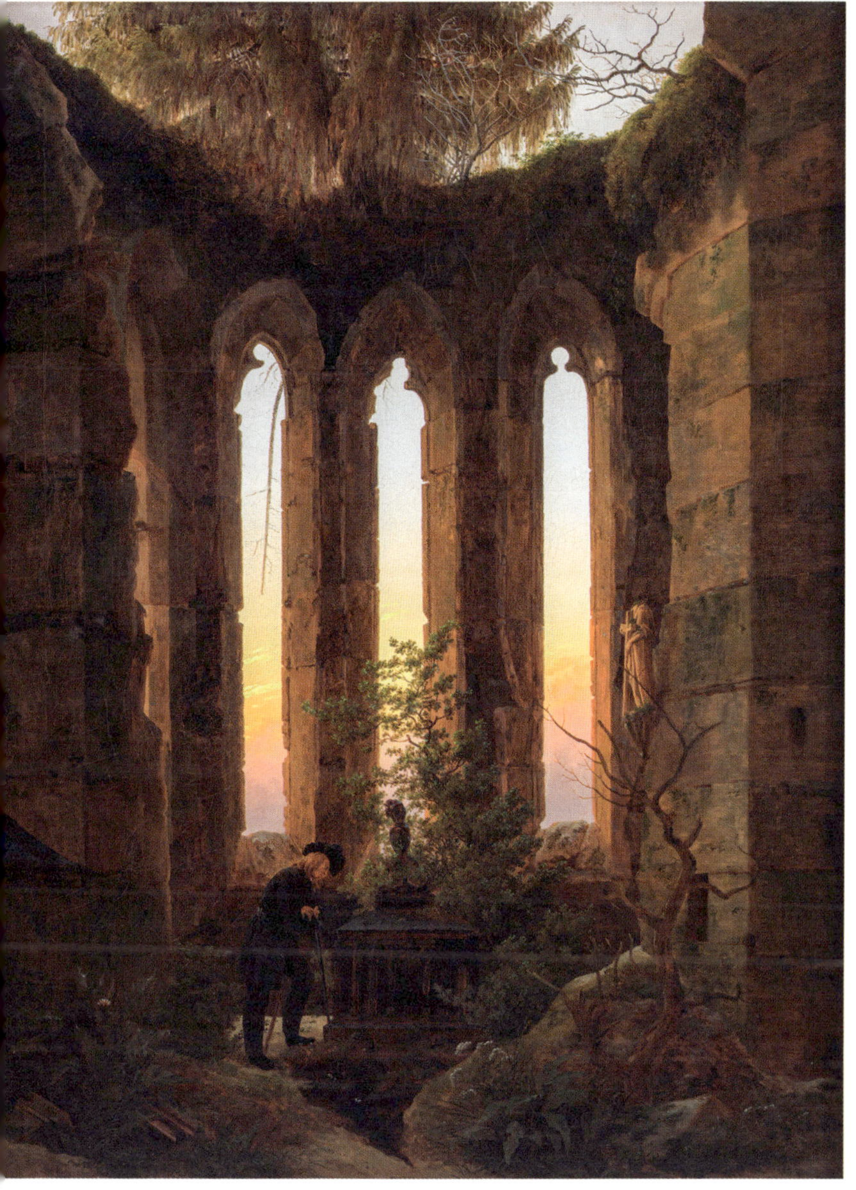

# P → Politik

»Wie in der Kunst, so war er auch im Leben«, schrieb Carl Gustav Carus (1789–1869) ein Vierteljahrhundert nach Friedrichs Tod in seinen *Lebenserinnerungen und Denkwürdigkeiten* (1865/66), »von strenger Rechtlichkeit, Geradheit und Abgeschlossenheit – deutsch durch und durch –, nie hatte er auch nur versucht, eine der fremden modernen Sprachen zu erlernen«.[27]

Der in Leipzig geborene Carus war Arzt und Künstler. Er lebte seit 1814 in Dresden, war seit 1818 mit Friedrich befreundet und anfangs auch dessen Schüler auf dem Gebiet der Landschaftsmalerei. Mitte der 1820er-Jahre begannen sich die beiden unterschiedlichen Charaktere jedoch voneinander zu entfremden. Der ambitionierte und weltgewandte Carus war in beiden Berufen zunehmend erfolgreich, während Friedrich wegen seiner künstlerischen und sozialen Unangepasstheit, zudem geschwächt von gesundheitlichen Krisen, seit dieser Zeit ins Abseits geriet.

Die Charakterisierung Friedrichs als »deutsch durch und durch« klingt heute verhängnisvoll. Seine bevorzugten Motive wie Tannen und Eichen, seine Vorliebe für prähistorische Hünengräber, aber auch sein ausdrücklich politisches, patriotisches Gemälde *Huttens Grab* (um 1823/24) → Oybin wurden im Nationalsozialismus vereinnahmt und propagandistisch ausgeschlachtet. Man erklärte Friedrich zum Vorvater des »Friedrichdeutschen«, seine Wolken zu

»Rassenwolken« und seine Bäume zu »Seelenbäumen«.[28] Der hundertste Todestag des Künstlers im Jahr 1940 diente dazu, mit seinen Bildern von gotischen Ruinen die Zerstörungen des Zweiten Weltkriegs zu rechtfertigen und ideologisch zu überhöhen. Die zweihundertste Wiederkehr seines Geburtstags 1974 bot Anlass, den Künstler neu zu entdecken, aber auch die Geschichte der völkischen Instrumentalisierung seiner Kunst auszuleuchten und die »Weiheaura« abzubauen, die sein Werk umgab.

Q → # Quistorp

Bei Johann Gottfried Quistorp (1755–1835) lernte der junge Caspar David Friedrich seit etwa 1790 das, was sein Lehrer den »mechanischen Teil der Kunst« nannte, der »so schwer aus sich selbst herauszubringen ist«[29] – das Zeichnen nach Vorlagen und Gipsabgüssen antiker Skulpturen. Quistorp war Architekt und Universitätszeichenlehrer an der Universität von Greifswald, und Friedrich begann als 16-Jähriger, an seinem öffentlichen Unterricht teilzunehmen. Quistorp besaß zudem eine umfangreiche Sammlung von Handzeichnungen, Kupferstichen und Gemälden, sodass seine Schüler trotz der Pommerschen Abgeschiedenheit Einblicke in die europäische Kunstgeschichte erhielten.

Friedrichs Teilnahme an Quistorps Unterricht endete 1794, doch der Kontakt zwischen den beiden Künstlern blieb bestehen. Quistorp setzte sich dafür ein, dass Friedrich seine Ausbildung an der renommierten Kopenhagener Kunstakademie fortsetzen konnte, und beide unternahmen gemeinsame Wanderungen, unter anderem auf Rügen und in der Umgebung von Greifswald.→Greifswald Bei einer solchen Gelegenheit zeichnete Friedrich 1802 das Hünengrab von Gützkow. Diese besonders in Nordeuropa verbreiteten, prähistorischen Steinsetzungen regten im 18. und frühen 19. Jahrhundert zahlreiche Künstlerinnen und Künstler zu Bildern und Texten an. Sie konnten für eine überwundene heidnische Vorzeit stehen, wurden aber auch als Zeichen der Beständigkeit einer uralten, als

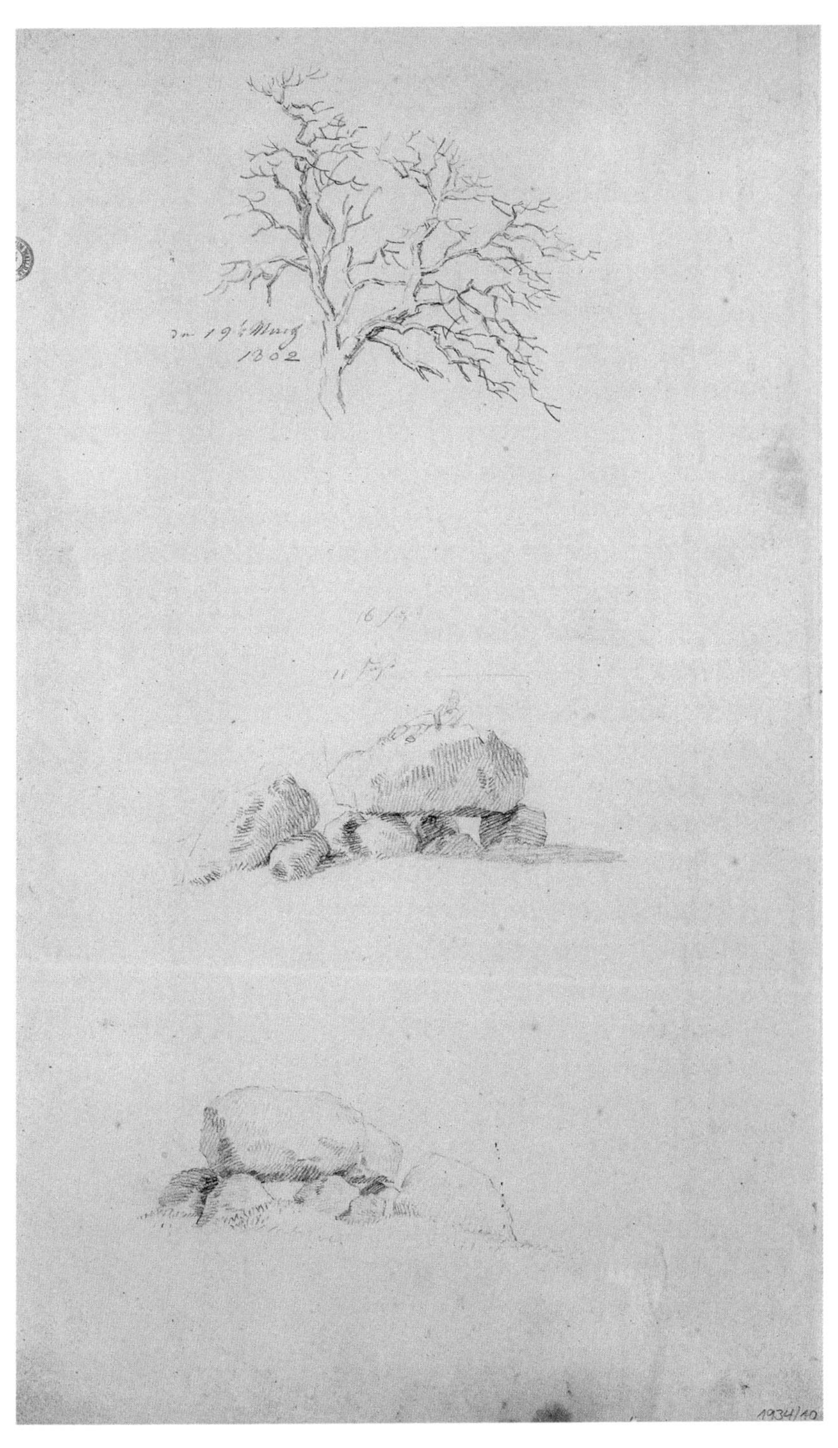
1802
1934/40

typisch »nordisch« verstandenen Kultur betrachtet und als Denkmäler einstiger Größe gefeiert. Man bezeichnete sie gelegentlich als »Hünenbetten«, und so hat Friedrich sie in mehreren Bildern interpretiert, indem er sie als Lagerstätte darstellte.→S. 77 Dabei zeugt Friedrichs – und Quistorps – Herangehensweise an die eindrucksvollen Großsteine von einer gewissen Gemütlichkeit und erscheint frei von übertriebener Ehrfurcht. »Als Friedrich das Grab zeichnete«, schrieb sein früherer Zeichenlehrer, »lag ich oben auf dem Deckstein und rauchte ein Pfeifchen, und so hat er mich in sein Studienbuch aufgenommen.«[30]

*Hünengrab mit darauf liegendem Mann und Baumstudie* 19. März 1802
Bleistift auf Papier 36,3 × 22,6 cm
Wallraf-Richartz-Museum & Fondation Corboud,
Graphische Sammlung, Köln

# R→ Rückenfigur

Die Rückenfigur war nicht Friedrichs Erfindung. Aber er hat sie so eigensinnig verwendet und weiterentwickelt, dass sie zu einem Erkennungsmerkmal seiner Kunst geworden ist. Vermutlich hat Friedrich historische Bilder mit Rückenfiguren schon in der Sammlung seines ersten Zeichenlehrers Quistorp →Quistorp kennengelernt. Jedenfalls stammt aus diesen Lehrjahren zwischen 1790 und 1794 die Skizze eines *Männlichen Rückenakts*, der noch handwerkliche Schwierigkeiten mit dem Motiv verrät.

Eine seiner frühen berühmten Rückenfiguren ist *Der Mönch am Meer* (um 1808–1810), der auch als Stellvertreter des Künstlers gelten kann.→S. 110/111 Die Schriftsteller Clemens Brentano und Achim von Arnim verfassten zu dem Gemälde eine amüsante Serie von Galeriegesprächen fiktiver Betrachterinnen und Betrachter. Dort fällt die Bemerkung, der Künstler hätte den Mönch »lieber schlafend hingestreckt oder betend oder schauend in aller Bescheidenheit niedergelegt, damit er den Zuschauern, denen das weite Meer doch offenbar mehr Eindruck macht als der kleine Kapuziner, nicht die Aussicht verdürbe«.[31]
→Youngs Nachtgedanken

Damit war bereits eine entscheidende Funktion der Rückenfigur erfasst. Sie lenkt den Blick in das Bild hinein und verstellt ihn zugleich – sie »verdirbt die Aussicht«, wie Brentano und von Arnim ironisch, aber treffend formulierten. Das, was die Rückenfigur sieht – wenn sie, wie oft

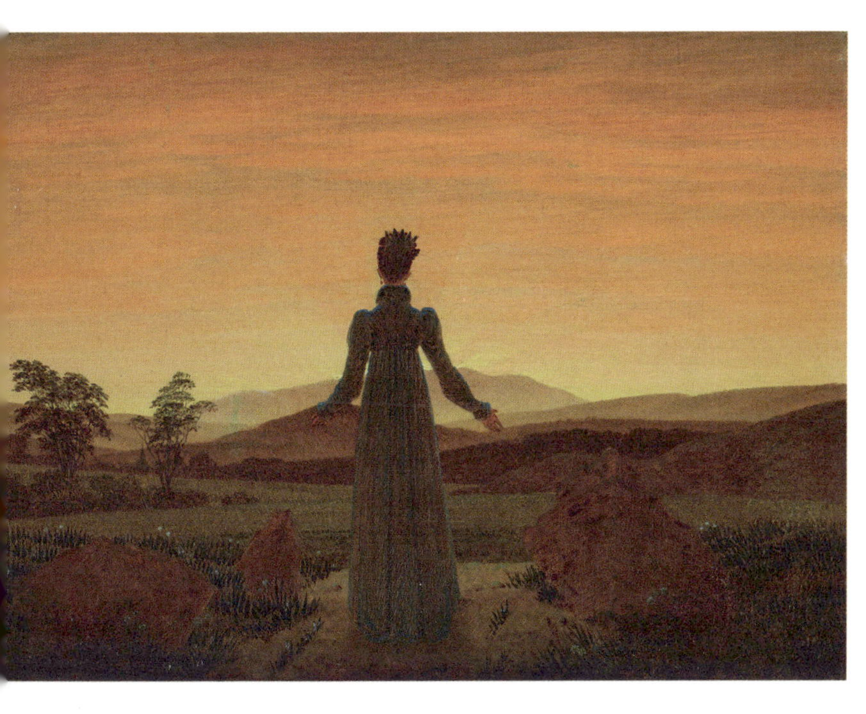

bei Friedrich, in der Mittelachse des Bildes steht –, → S. 81 bleibt dem Blick des Publikums vor dem Gemälde verborgen und appelliert dadurch an die Vorstellungskraft. Sie ist Stellvertreterin und Identifikationsfigur der Betrachterinnen und Betrachter, erzeugt aber auch eine Distanz zwischen ihnen und der dargestellten Landschaft. Zugleich verkörpert die Rückenfigur die Erfahrung und den Genuss des Betrachtens selbst, die kontemplative Versenkung in eine Landschaft und den unendlichen Raum.

*Frau vor der untergehenden Sonne* (oder: *aufgehenden Sonne*) um 1818
Öl auf Leinwand 22 × 30,5 cm
Museum Folkwang, Essen

# s → Sepia

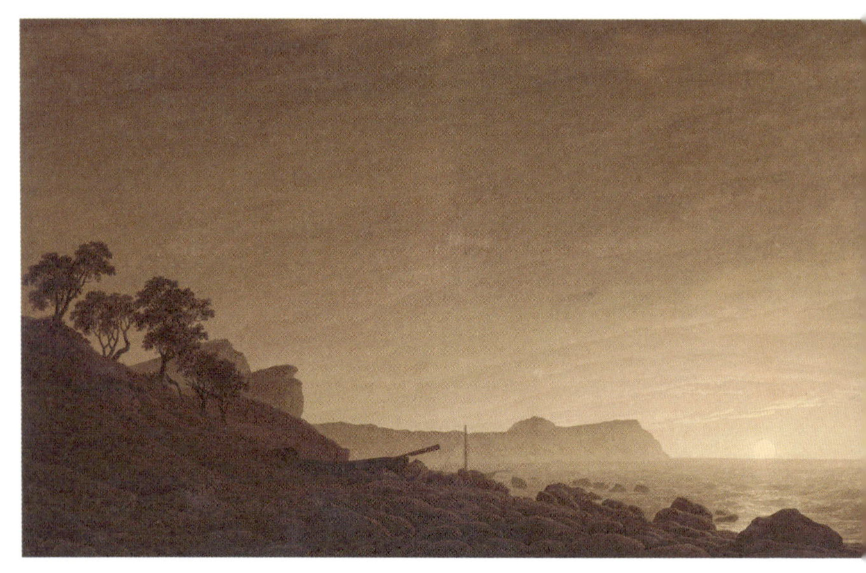

Sepia war gewissermaßen eine Dresdner »Lokalfarbe«. Der in Dresden [→Dresden] geborene Maler Jakob Crescenz Seydelmann (1750–1829) gilt als der Erste, der den Drüsensaft des Tintenfischs verwendete, um von berühmten Gemälden einfarbige Kopien in Originalgröße anzufertigen.[32] Auch der Schweizer Adrian Zingg (1734–1816), seit 1803 Professor für Landschaftszeichnung an der Dresdner Akademie, war ein Meister in dieser Technik. Mit seinem Kollegen Anton Graff (1736–1813) unternahm er Wanderungen, etwa im Elbsandsteingebirge, das die beiden Wanderer [→Wanderer] an ihre Heimat, den Schweizer Jura erinnerte. Ihnen wird auch die Namensgebung »Sächsische Schweiz« zugeschrieben.

Friedrich begann um 1800, mit Sepia zu arbeiten. Ihr Einsatz markiert den Übergang zwischen dem Zeichner und dem Maler Friedrich. Und so, wie der Schweizer Zingg Motive für seine Landschaftsdarstellungen in einer Region fand, die ihn an seine Herkunft erinnerte, widmete Friedrich einige seiner eindrucksvollsten Sepien Ansichten von Rügen. 1801 und 1802 unternahm er mindestens drei lange Wanderungen auf der Ostseeinsel vor der Pommerschen Küste. Dabei entstanden Zeichnungen von markanten Sehenswürdigkeiten, die damals auch zu touristischen Anziehungspunkten wurden, wie die steilen Kreidefelsen von Stubbenkammer und Kap Arkona.[33] Erst einige Jahre später übersetzte Friedrich seine vor Ort angefertigten Skizzen in großformatige Sepien wie *Blick auf Arkona mit aufgehendem Mond* (um 1805/06). → S. 84 Aus der dunkelbraunen Sepiatusche fertigt Friedrich die außerordentlich nuancierte Darstellung einer abendlichen Landschaft, die aus sich selbst heraus zu leuchten scheint. Zugleich beginnt er hier, seine Kompositionen nach strengen Regeln zu konstruieren.[34] → Konstruktion Auf der vertikalen Bildmitte zeichnet sich diskret, aber unübersehbar der Mast eines am Ufer liegenden Bootes ab und überschneidet leicht die Horizontlinie des Kreidefelsens.

**Blick auf Arkona mit aufgehendem Mond um 1805/06**
**Pinsel in Braun über Bleistift 60,9 × 100 cm**
**Albertina, Wien**

# T→ Transparent

Friedrich war ein Meister suggestiver Lichtstimmungen. Sein *Blick auf Arkona mit aufgehendem Mond* (um 1805/06) → S. 84 oder das Lichtbad der *Frau vor der untergehenden Sonne* (oder: *aufgehenden Sonne*) (um 1818) → S. 81 scheinen von innen heraus zu leuchten. Gegen Ende seiner Laufbahn ging er so weit, auch mit realem Licht zu experimentieren. Friedrichs Transparentbilder sind ein besonderer Fall unter seinen Bilderpaaren. Während es sich bei Letzteren um zwei einzelne Werke handelt, sind die Transparente sowohl auf der Vorderseite als auch auf der Rückseite bemalt und können – ähnlich wie ein Dia oder Filmmaterial – durch reales Licht aktiviert und je nach Beleuchtung in eine Landschaft am Morgen oder am Abend transformiert werden. → S. 89 Auf diese Weise wird nicht mehr nur das *Produkt*, sondern auch der *Prozess* der Natur veranschaulicht.[35]

Eine Gruppe von Transparentbildern, von denen nur noch drei Entwurfszeichnungen erhalten sind, wollte Friedrich durch eine musikalische Begleitung sogar zu einer Art Gesamtkunstwerk erweitern. Die Entwürfe stellen Allegorien der weltlichen, der religiösen und der himmlischen Musik dar; sie zeigen eine Lautenspielerin und eine Gitarristin in einer gotischen Architektur, eine Harfenspielerin auf einem Balkon vor dem Hintergrund einer Kirche und einen träumenden Musiker mit einer Mandoline, über dem drei Engel in Anbetung schweben. Käufer der aufwendigen Installation war der spätere Zar

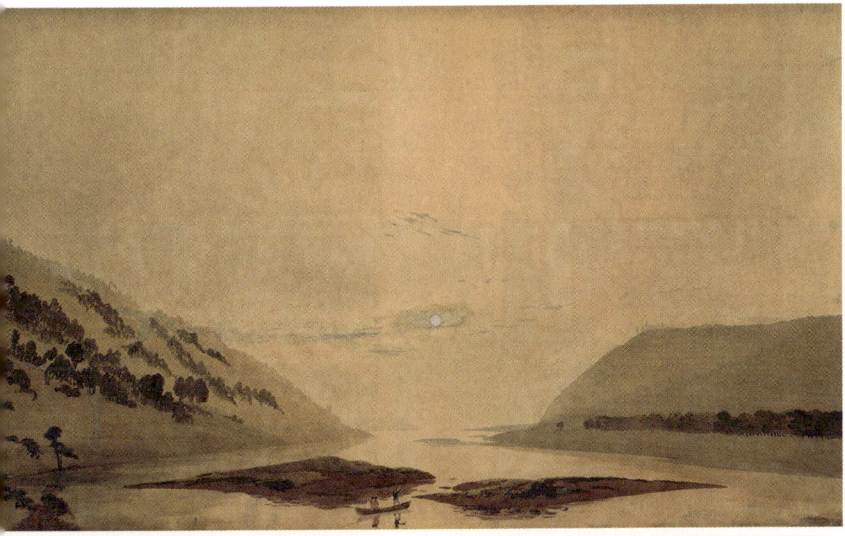

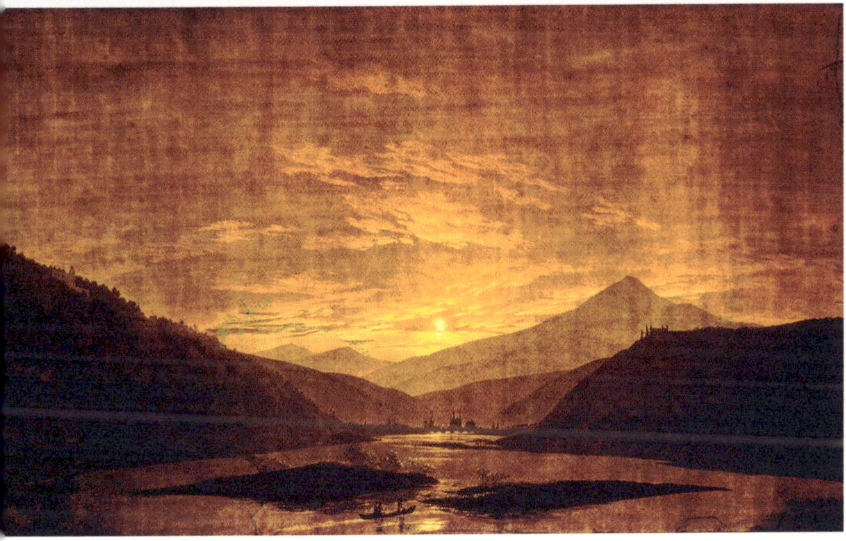

Alexander II. in Sankt Petersburg. In einem Brief vom 12. Dezember 1835 an den Staatsrat Wassili Andrejewitsch Schukowski lieferte Friedrich eine ausführliche Anleitung, wie das Werk aufzubauen und zu präsentieren sei. Einige Proben für die Koordination zwischen der wechselnden Beleuchtung und der Aufführung der Musik hielt er für zwingend, und er war sich der Umstände, die seine neuartige Arbeitsweise erforderte, durchaus bewusst; »so ganz glatt wie beim Beschauen der Ölgemälde«, räumte er ein, »kann es freilich nicht abgehen.«[36]

*Gebirgige Flusslandschaft am Morgen*
(Ansicht der Vorderseite bei Auflicht) um 1830–1835
Aquarell und Deckfarben auf Transparentpapier 74 × 124 cm
Staatliche Kunstsammlungen, Kassel

*Gebirgige Flusslandschaft am Abend*
(Ansicht der Vorderseite bei Durchlicht) um 1830–1835
Aquarell und Deckfarben auf Transparentpapier 74 × 124 cm
Staatliche Kunstsammlungen, Kassel

# U→ Untergang

Mit dem Gemälde *Das Eismeer* (um 1823/24) →S.94/95 griff Friedrich das traditionsreiche Motiv des Schiffsbruchs auf. Im Winter 1820/21 hatte er drei Ölskizzen von Eisschollen auf der Elbe angefertigt. Diese Detailstudien des seltenen Naturspektakels fanden Eingang in das Bild; die Komposition selbst ist jedoch ein Produkt der Vorstellungskraft und erinnert heute vielleicht an die Spezialeffekte des Films *The Day After Tomorrow* (2004), in dem eine Klimakatastrophe weite Teile der Erde mit Blitzeis überzieht.

In Friedrichs Bild ist das untergegangene Segelschiff nur noch ein verschwindender Überrest, zermahlen zwischen sich pyramidal auftürmenden Eisplatten. Dahinter breitet sich eine Polarlandschaft mit ähnlichen Schollenformationen bis zum Horizont aus. Nur in der Mitte des oberen Bildrands klart der verhangene Himmel auf.

Beim zeitgenössischen Publikum fiel *Das Eismeer* offenbar weitgehend durch. Wie schon viele Jahre zuvor am *Tetschener Altar* →Verriss wurde auch hier beanstandet, dass die Perspektive »nicht richtig motiviert« sei. Zudem hieß es, die »Eisschollen als Hauptgegenstand« seien kein angemessenes Motiv, und eine weitere Person gestand, das Bild sei zwar schön, aber sie wolle »es nicht immer vor Augen haben«.[37] Friedrich hatte allen Grund, innerlich zu frösteln vor so viel Unverstand, und tatsächlich blieb *Das Eismeer* bis zum Tod des Künstlers unverkauft.

Gleichwohl hat das Bild zahlreiche Interpretationen erfahren. Friedrichs jüngerer Bruder Johann Christoffer ertrank 1787 bei Caspar Davids Rettung aus dem Greifswalder Wallgraben; dieses einschneidende Erlebnis wird oft als einer der Gründe für Friedrichs Hang zur Schwermut und seine intensive Beschäftigung mit Themen wie Tod und Trauer angeführt. In einer politischen Lesart gilt *Das Eismeer* als Allegorie der erstarrten gesellschaftlichen Verhältnisse nach dem Wiener Kongress 1814/15. Eine konkrete Anregung für das Motiv eines im Packeis untergangenen Schiffs könnten die Expeditionen des britischen Marineoffiziers William Edward Parry (1790–1855) gewesen sein, der um 1819/20 in der Arktis die Nordwestpassage zwischen dem atlantischen und dem pazifischen Ozean suchte.

*Das Eismeer* um 1823/24
Öl auf Leinwand 96,7 × 126,9 cm
Hamburger Kunsthalle

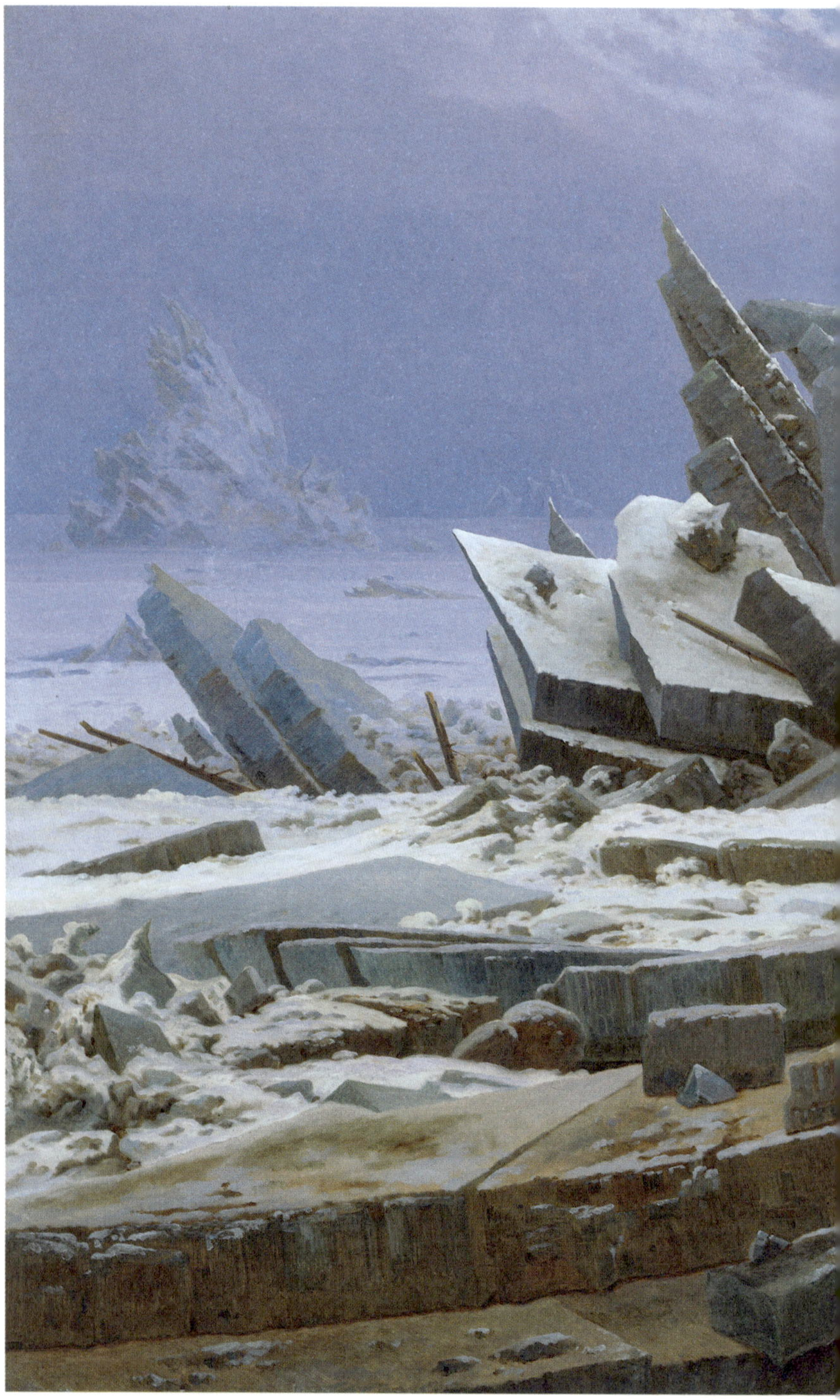

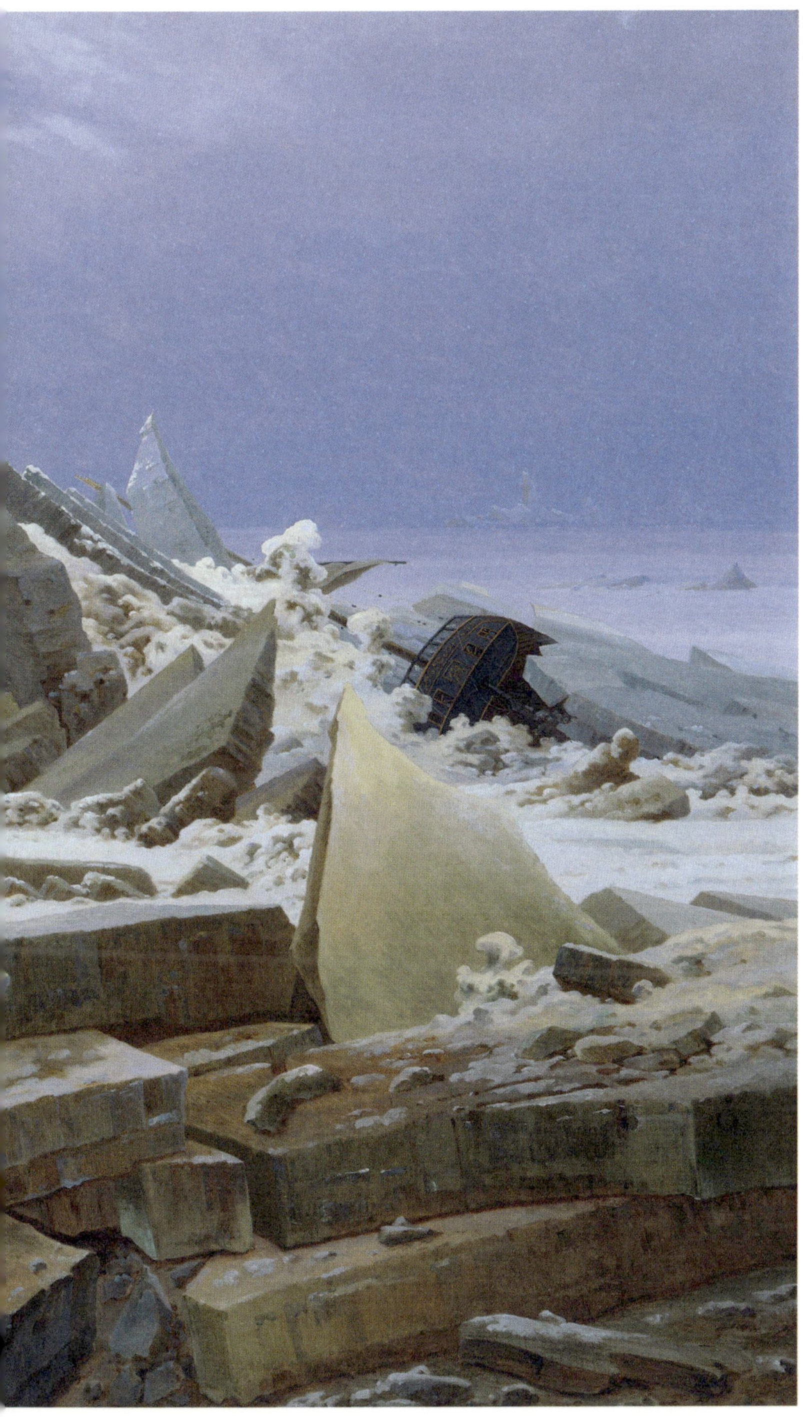

# v→ Verriss

Im Juli 1816 schreibt Friedrich dem Maler Johann Ludwig Lund, den er aus seiner Kopenhagener Studienzeit kennt, einen Brief nach Rom. Er bittet Lund, einige Künstlerkollegen, die sich damals in der italienischen Kunststadt aufhielten, von ihm zu grüßen – »nur den Kammerherrn v. Ramdohr nicht«.[38] Friedrich hatte offenbar Anlass, nachtragend zu sein.

Auslöser des Zwists, der als »Ramdohr-Streit« in die Kunstgeschichte eingegangen ist, war Friedrichs so ambitioniertes wie umstrittenes Gemälde *Das Kreuz im Gebirge*,→S. 99 auch bekannt als *Tetschener Altar*. Der zweite Titel ist ein wenig irreführend. Denn obwohl Friedrich das Bild mit dem aufwendigen, von ihm selbst entworfenen Rahmen ursprünglich für eine Kapelle vorgesehen hatte, diente es nie als Altarbild.

Seine Ausstellungsgeschichte beginnt Weihnachten 1808, als Friedrich es in seiner Dresdner Werkstatt wirkungsvoll in einem abgedunkelten Raum für ein ausgewähltes Publikum inszenierte. Friedrich, der in Schwedisch-Pommern geboren war, hatte das Bild eigentlich seinem geschätzten schwedischen König Gustav IV. Adolf zugedacht, dessen protestantische Glaubensvorstellungen er teilte. Doch nach der Invasion der napoleonischen Truppen und dem Ende von Gustavs Herrschaft war die Übermittlung des Kunstwerks unmöglich geworden.[39] So konnte es Graf Franz Anton von

Thun-Hohenstein für seine Frau Theresia Maria erwerben. Das Gemälde befand sich bis 1921 in deren Schloss im nordböhmischen Tetschen, dem heutigen Děčín – allerdings nicht in der Kapelle, sondern im Schlafgemach der Gräfin, zusammen mit einem Stich nach Raffaels *Sixtinischer Madonna* (1512/13). Das oft reproduzierte Werk des italienischen Renaissancemeisters gelangte 1753 in die Dresdner Sammlung →Dresden des sächsischen Kurfürsten August III.; 1921 wurde auch das *Kreuz im Gebirge* für die Dresdner Gemäldegalerie angekauft.

Während das Werk bald nach seiner Entstehung dem öffentlichen Blick entzogen war, nahm es in der kunstkritischen Debatte breiten Raum ein. 1809 formulierte der preußische Diplomat und Künstler Friedrich Wilhelm Basilius von Ramdohr eine Fundamentalkritik an Friedrichs unkonventioneller Bildfindung: Er bemängelt Verstöße gegen die Regeln der Perspektive und der Optik; er kritisiert, dass die Tageszeit der Szene nicht eindeutig erkennbar sei, und sieht einen Mystizismus am Werk, »der jetzt überall sich einschleicht und aus Kunst wie aus Wissenschaft, aus Philosophie wie aus Religion gleich einem narkotischen Dunste uns entgegenwittert!«[40]

Besonders empört ihn, dass Friedrich die akademischen Gattungsgrenzen zwischen Landschaftsmalerei und sakraler Kunst sprenge: »In der Tat ist es eine wahre Anmaßung, wenn

die Landschaftsmalerei sich in die Kirchen schleichen und auf Altäre kriechen will.« Der Künstler, der damals am Anfang seiner Laufbahn stand, konterte selbstbewusst: Hätte »Friedrich sich der Krücken der Kunst bedient, und nicht die Vermessenheit gehabt, auf eigenen Füßen gehen zu wollen, wahrlich der Herr Kammerherr von Ramdohr hätte sich nimmer aus seiner Ruhe stören lassen.«[41] Der preußische Diplomat zeigte sich zur Selbstkritik fähig und revidierte öffentlich sein Urteil: »Meine Worte werden vergessen werden, und seine Werke werden leben.«[42]

*Das Kreuz im Gebirge (Tetschener Altar)* 1807/08
Öl auf Leinwand 115 × 110,5 cm
Galerie Neue Meister, Staatliche Kunstsammlungen Dresden

# W → Wanderer

Der Wanderer ist, was in der deutschen Sprache deutlich anklingt, ein Anderer. »Fremd bin ich eingezogen, fremd zieh ich wieder aus« lauten die ersten Zeilen eines romantischen Liederzyklus von Wilhelm Müller (1794–1827). Der Komponist Franz Schubert (1797–1828) vertonte diese »Wanderlieder« 1827 in der *Winterreise*, die man sich gut als Soundtrack zu Friedrichs Malerei vorstellen kann – denn sie teilen wesentliche Ideen wie den sehnsüchtigen Fernblick,→S. 32/33 die Krähe →S. 107 als Todessymbol oder die Eiseskälte als Metapher für einen Seelenzustand.→S. 94/95

Friedrich machte, wie viele seiner Zeitgenossen, das Wandern zu einer Grundlage seiner Kunst. Anders als die vorige Generation der Künstlerinnen und Künstler des Klassizismus, die sich eher von Kunstwerken anregen ließen, suchten die Romantiker ihre Inspiration in der Natur und setzten ihre eigenen Naturerfahrungen ins Bild.

Der Philosoph F. W. J. Schelling (1775–1854), dessen Gedanken Friedrich vermutlich durch einen Freund kannte, empfahl den Landschaftsmalern: »Die Menschen in der Landschaft müssen daher entweder gleichsam auf der Stelle gewachsen, als Autochthonen geschildert werden, oder sie müssen auch durch die im Verhältnis zu der Landschaft fremde Art ihres Wesens, Aussehens, ja selbst dr [der] Bekleidung, als Fremde, als Wanderer dargestellt werden.

Auf diese Weise lassen sich in der Landschaft noch in einem anderen Sinn Nähe und Ferne verbinden und die eigentümlichen Gefühle, die auf den Vorstellungen derselben beruhen, hervorrufen.«[43]

Es ist aufschlussreich, vor dem Hintergrund dieser Empfehlung noch einmal zwei Figuren in Friedrichs Landschaften zu betrachten, die *Frau vor der untergehenden Sonne* (oder: *aufgehenden Sonne*) (um 1818) →S. 81 und den *Wanderer über dem Nebelmeer* (um 1817/18): →S. 53 die eine »gleichsam auf der Stelle gewachsen«, die andere »durch die im Verhältnis zu der Landschaft fremde Art ihres Wesens, Aussehens, ja selbst dr [der] Bekleidung, als Fremde, als Wanderer dargestellt«.

Dass der Wanderer zu Friedrichs Zeit männlich war, versteht sich. »Würde es wahr und ginge mein Wunsch in Erfüllung«, schrieb er im September 1821 gut gelaunt an seinen Bruder Heinrich, »dann wollten wir eine schöne Reise zusammen machen« – allerdings ohne die Ehefrauen, »denn das ist Lumperei«.[44]

# x→ Xylografie

Friedrich arbeitete gerne mit Bilderpaaren, die aufeinander verweisen.→S. 41 Seine Zeichnung *Schlafender Knabe/Studie einer Axt* von 1802 und der darauf beruhende Holzschnitt *Schlafender Knabe auf einem Grabhügel* sind ein »uneigentliches« Bilderpaar, das sich trotzdem für eine vergleichende Betrachtung anbietet.

Die Federzeichnung, die auf den 15. Januar 1802 datiert ist, zeigt einen schlafenden Jungen, dessen Kopf auf einem Baumstumpf ruht; über ihn neigt sich ein kahler Baum, auf dessen Ast ein Vogel – vielleicht ein Rabe – hockt. Der abgestorbene Baum lässt an »Schlafes Bruder«, den Tod, denken, eine Assoziation, die der Rabe als Unglücksvogel fördert. Am 28. Februar ergänzte Friedrich unterhalb dieser Zeichnung die Studie einer Axt, die das latent Bedrohliche der Szene steigert.

Die Federzeichnung diente als Vorlage für eine Xylografie, die Friedrichs jüngster Bruder Christian (1779–1843) ausführte. Dieser war Tischler und Holzschneider, und Friedrich arbeitete öfter mit ihm zusammen. In diesem Fall ist der Holzschnitt keine bloße Reproduktion der Handzeichnung, sondern eher eine Art tröstlicher Antwort auf das ursprüngliche Motiv. Denn hier ruht der Junge auf einem Hügel mit Grabkreuz. Die Verknüpfung von Schlaf und Tod wird dadurch gelöst; der oder die Verstorbene ruht, dem Blick entzogen, im Grab und wird von dem als schlafend Dargestellten betrauert.

Der Schmetterling über seinem Kopf kann als Symbol für die unsterbliche Seele stehen.

Friedrich wurde von mehreren Zeitgenossen als schwermütig und melancholisch beschrieben, und es heißt, der frühe Tod seiner Mutter und seines Bruders Johann Christoffer → Untergang habe dazu beigetragen, dass seine Kunst oft um Vergänglichkeit kreist. Allerdings können biografische Interpretationen den Blick für andere Aspekte verschließen. So gilt es bei Holzschnitten zu bedenken, dass diese in hohen Stückzahlen produziert und zu geringen Preisen angeboten wurden. Vielleicht setzte Friedrich darauf, durch die gefälligere druckgrafische Version mit dem Unsterblichkeitsmotiv ein größeres Publikum anzusprechen.

*Schlafender Knabe und Studie einer Axt* 15. Januar und 28. Februar 1802
Feder und Pinsel in Braun über Bleistift 18,1 × 11,6 cm
Kunsthalle Bremen, Kupferstichkabinett

Christian Friedrich nach einer Zeichnung von Caspar David Friedrich
*Schlafender Knabe auf einem Grabhügel* um 1802
Holzschnitt 16,9 × 11,9 cm
Kupferstichkabinett, Staatliche Kunstsammlungen Dresden

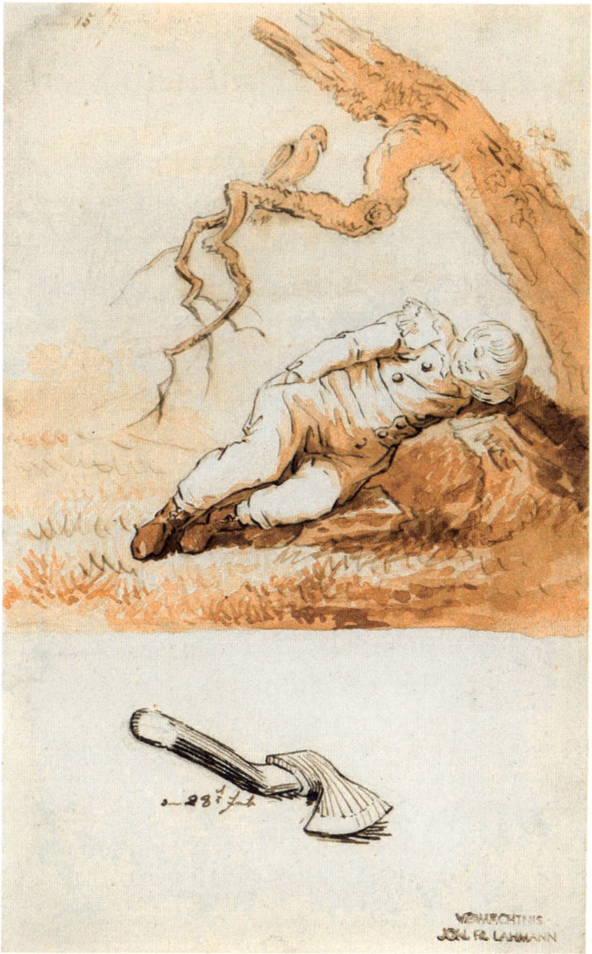

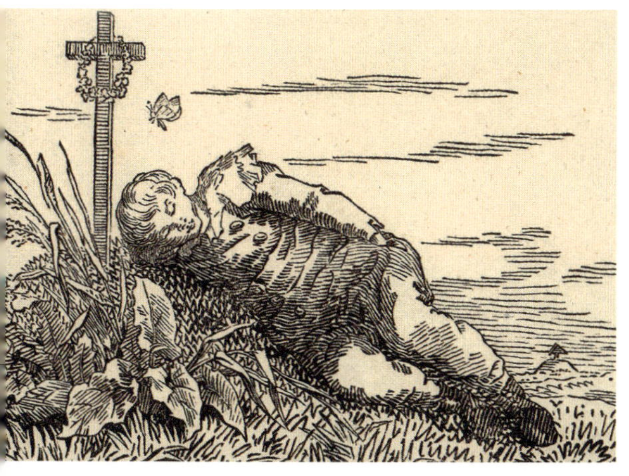

Y→ Youngs Nachtgedanken

»Nichts kann trauriger und unbehaglicher sein als diese Stellung in der Welt: der einzige Lebensfunke im weiten Reich des Todes, der einsame Mittelpunkt im einsamen Kreis. Das Bild liegt mit seinen zwei oder drei geheimnisvollen Gegenständen wie die Apokalypse da, als ob es Youngs Nachtgedanken hätte und, da es in seiner Einförmigkeit und Uferlosigkeit nichts als den Rahmen zum Vordergrund hat, als wenn einem die Augenlider weggeschnitten wären.«[45]

Heinrich von Kleists Zeilen über Friedrichs *Mönch am Meer* (um 1808–1810) → S. 110/111 sind fast so berühmt geworden wie das Gemälde selbst. Sie stammen aus einer Besprechung von Friedrichs außerordentlich reduzierter Komposition, die die Schriftsteller Clemens Brentano und Achim von Arnim verfassten und die Kleist ergänzte. Der Text erschien im Oktober 1810 in den *Berliner Abendblättern* und erwähnt Quellen, die Friedrich möglicherweise zu seiner Seelandschaft inspiriert hatten, wie die *Night-Thoughts on Life, Death and Immortality* des englischen Dichters Edward Young (1683–1765) oder die Uferpredigten des Rügener Pfarrers und Gelehrten Ludwig Gotthard Kosegarten (1758–1818), der zu Friedrichs frühen Sammlern gehörte.

*Der Mönch am Meer* wurde unmittelbar nach seiner Entstehung – zusammen mit seinem gleich großen Pendant *Die Abtei im Eichwald* (um 1809/10) – auf der Berliner Akademieausstellung

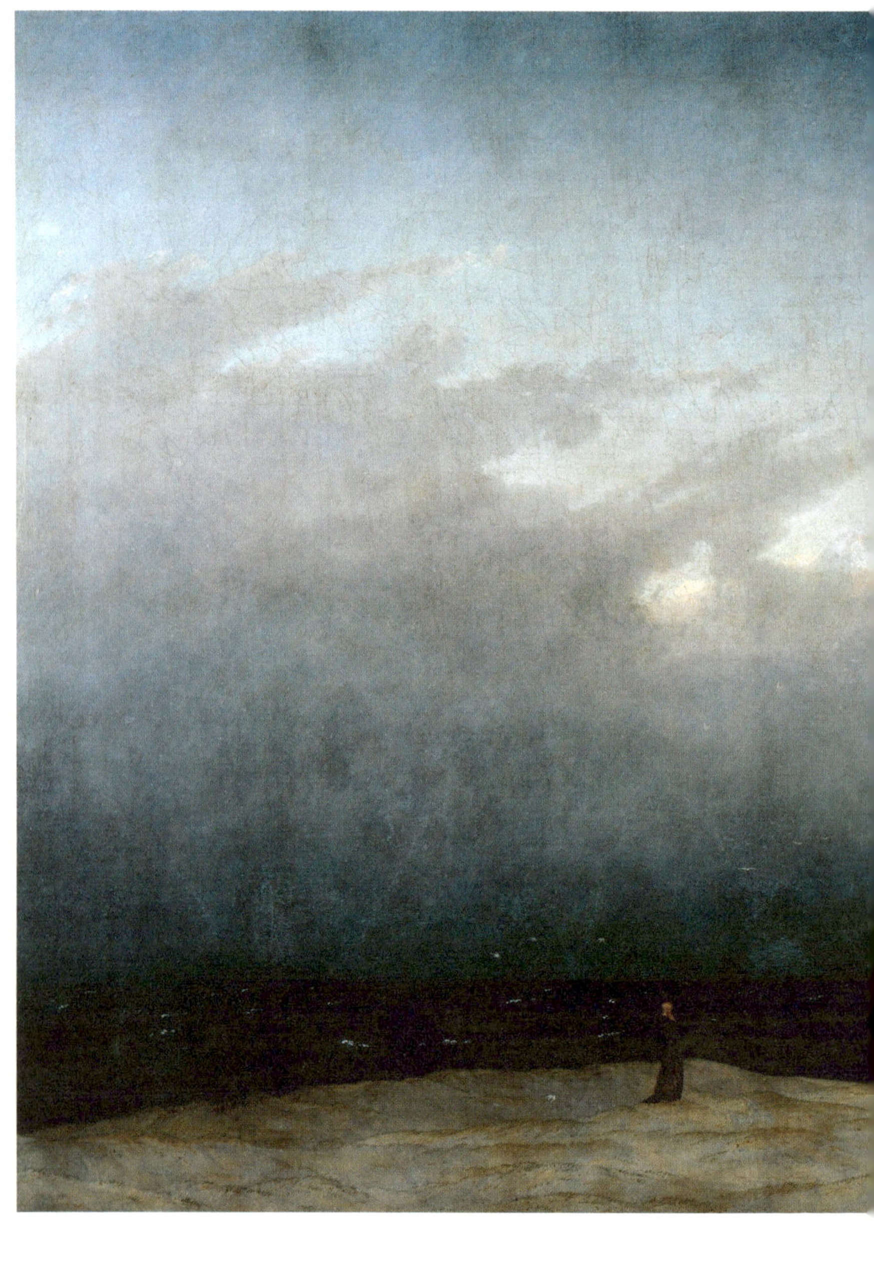

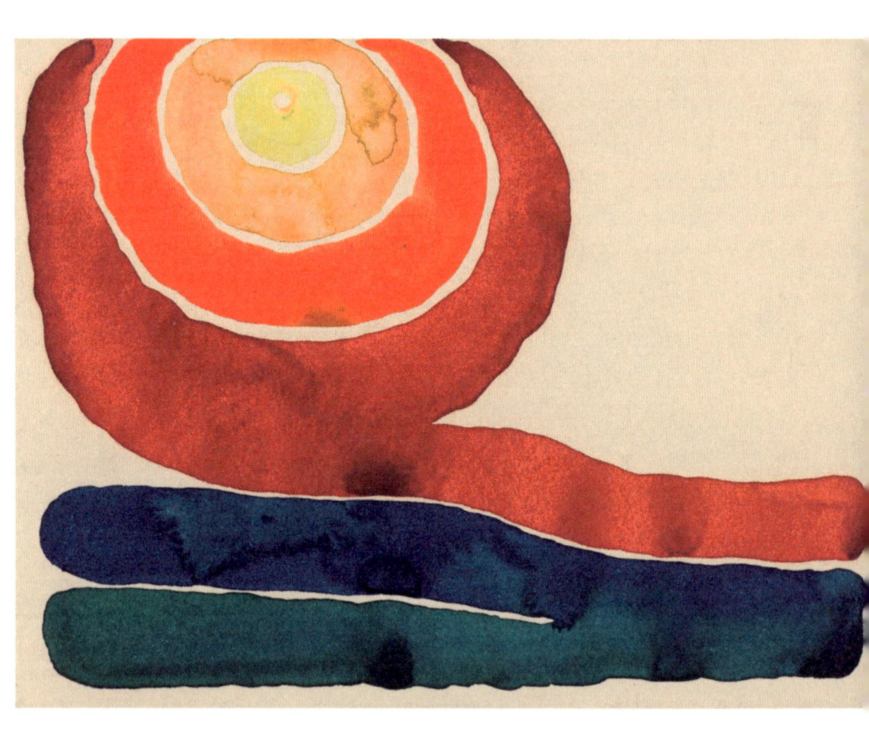

präsentiert, und dort erwarb König Friedrich Wilhelm III. das Bilderpaar auf Wunsch des 15-jährigen preußischen Kronprinzen. Dies war ein beachtlicher Erfolg für den Künstler, nachdem sein *Tetschener Altar* ein Jahr zuvor eine öffentliche Kontroverse ausgelöst hatte. → Verriss

Mit dem *Mönch am Meer* hatte Friedrich, wie Kleist erkannte, »zweifelsohne eine ganz neue Bahn im Felde seiner Kunst gebrochen«, die bis weit ins 20. Jahrhundert führen sollte. So zog der amerikanische Kunsthistoriker Robert Rosenblum Mitte der 1970er-Jahre eine Traditionslinie, die von Friedrichs »dunkel leuchtender Leere« bis zu den formal reduzierten Abstraktionen amerikanischer Maler wie Barnett Newman und Mark Rothko und zu den archetypischen Landschaftsmotiven von Georgia O'Keeffe → S. 112 reicht.[46]

*Der Mönch am Meer* um 1808–1810
Öl auf Leinwand 110 × 171,5 cm
Alte Nationalgalerie, Staatliche Museen zu Berlin

Georgia O'Keeffe
*Evening Star No. III* 1917
Aquarell auf Papier 22,7 × 30,4 cm
Museum of Modern Art, New York

# z→ Zeit

Um 1820 schien Friedrichs Kunst aus der Zeit gefallen zu sein. Er »gerät von Jahr für Jahr tiefer in den dicken Nebel →Nebel der Mystik, nichts ist ihm neblig und wunderlich genug«, fand ein Kritiker. »Seine Gebilde hören zum Teil schon auf, Kunstwerke zu sein«.[47] Das vernichtende Urteil deutet darauf hin, wie eigensinnig Friedrichs Bildfindungen damals wirkten.

Der Künstler selbst vertraute gegen Ende seines Lebens darauf, dass die Zeit auf seiner Seite war. »Ich bin weit entfernt, den Forderungen der Zeit, wenn es nicht anders bloße Mode ist, entgegenzuarbeiten und gegen den Strom anschwimmen zu wollen«, schrieb er um 1830. »Aber noch weniger bin ich so schwach, gegen meine Überzeugung der Zeit zu huldigen. Ich spinne mich in meine Puppe ein, mögen andere ein Gleiches tun, und überlasse es der Zeit, was aus dem Gespinst herauskommen wird, ob ein bunter Schmetterling →S. 107 oder eine Made.«[48] Friedrichs heutiger Rang als zentrale Figur der Romantik und das große öffentliche Interesse an seiner Kunst übertreffen vermutlich all seine Erwartungen.

Dem Vergehen der Zeit hat Friedrich mehrere zusammenhängende Werkgruppen gewidmet. Seine Zyklen von Tages- und Jahreszeiten stehen zugleich für die Lebensalter. Er findet für Werden und Vergehen Bilder, die keineswegs »neblig«, sondern eher explizit sind, wie im Fall der beiden Skelette in einer Tropfsteinhöhle und den beiden über den Wolken schwebenden Engeln in Anbetung.→ S. 117 In seiner Vorstellung hatte er das Privileg, über die Ränder seiner eigenen Lebenszeit und Epoche hinauszusehen.

*Skelette in der Tropfsteinhöhle* um 1826
Aus dem Lebensalterzyklus
Pinsel in Braun über Bleistift auf Velin 18,8 × 27,5 cm
Hamburger Kunsthalle, Kupferstichkabinett

*Engel in Anbetung* um 1826
Aus dem Lebensalterzyklus
Pinsel in Braun über Bleistift auf Velin 18,5 × 26,7 cm
Hamburger Kunsthalle, Kupferstichkabinett

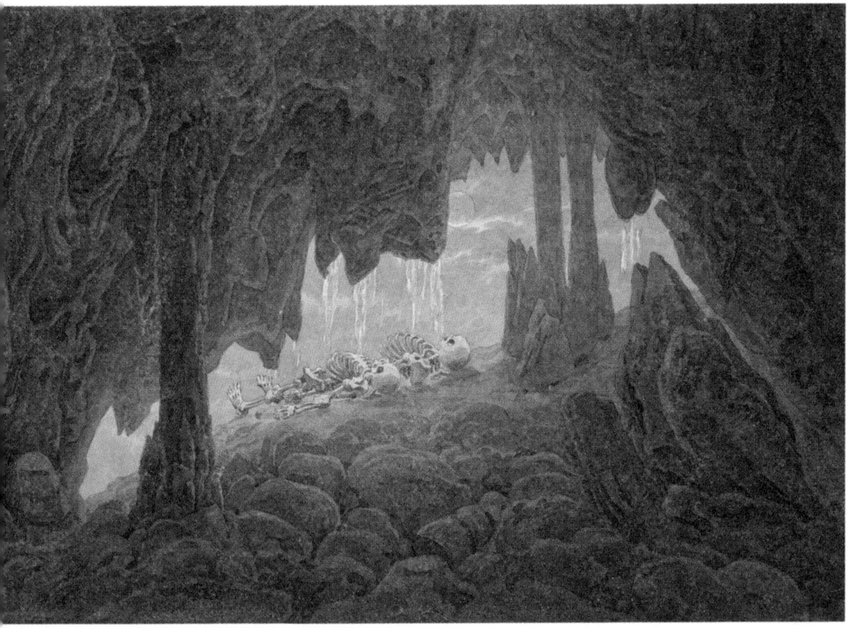

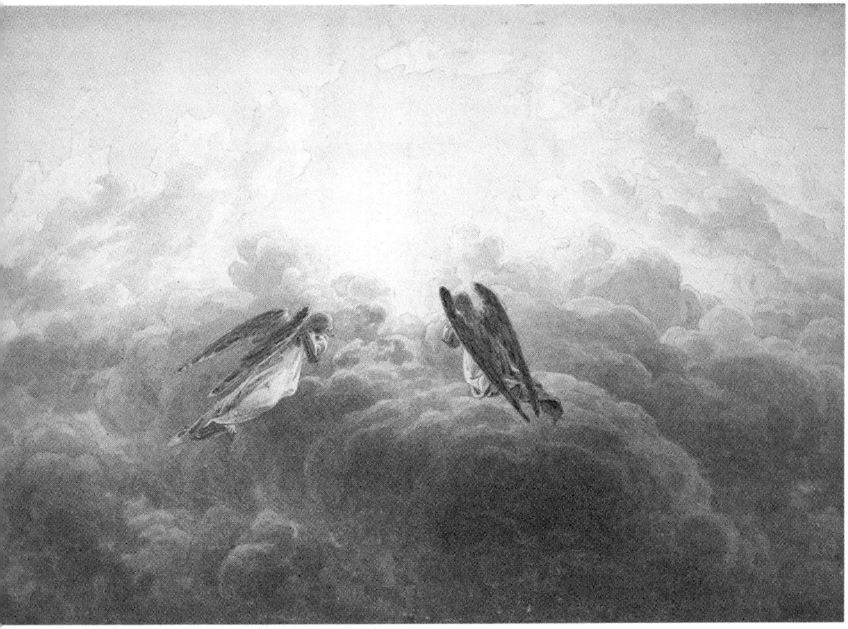

1 Jens Christian Jensen, *Caspar David Friedrich. Leben und Werk*, Köln 1974, S. 24.
2 Brief an die Großfürstin Alexandra Feodorowna, 23. Juni 1821, zit. n. *Caspar David Friedrich in Briefen und Bekenntnissen*, hrsg. von Sigrid Hinz, Berlin-Ost 1968, S. 236.
3 Siehe den Eintrag »Baum in der Landschaft«, in: *Caspar David Friedrich 1774–1840*, hrsg. von Werner Hofmann, Ausst.-Kat. Hamburger Kunsthalle, München 1974, S. 46 f.
4 Jensen 1974 (wie Anm. 1), S. 134.
5 Johannes Grave, *Caspar David Friedrich*, München u. a., Neuausgabe 2022 (1. Aufl. 2012), S. 134 f.
6 Zit. n. Hinz 1968 (wie Anm. 2), S. 21.
7 Karl-Ludwig Hoch, *Caspar David Friedrich. Unbekannte Dokumente seines Lebens*, Dresden 1985, S. 62 f.
8 Grave 2022 (wie Anm. 5), S. 65.
9 Ebd., S. 135.
10 Grave 2022 (wie Anm. 5), S. 25.
11 Zit. n. Hinz 1968 (wie Anm. 2), S. 218.
12 Helmut Börsch-Supan, *Caspar David Friedrich*, München 1973, S. 128.
13 Siehe Hofmann 1974 (wie Anm. 3), Nr. 139, S. 224 f.; Grave 2022 (wie Anm. 5), S. 216.
14 Siehe Grave 2022 (wie Anm. 5), S. 114.
15 Zit. n. Werner Hofmann, *Caspar David Friedrich. Naturwirklichkeit und Kunstwahrheit*, München 2000, S. 177.
16 Johannes Grave lässt die Frage nach der Tageszeit offen; siehe Grave 2022 (wie Anm. 5), S. 205, Abb. 176.
17 So die These von Detlef Stapf, »Caspar David Friedrich – Eine Biographie«, in: *Caspar David Friedrich und die Vorboten der Romantik*, hrsg. von Wolf Eiermann und David Schmidhauser, Ausst.-Kat. Museum Georg Schäfer Schweinfurt; Kunst Museum Winterthur/Reinhart am Stadtgarten, München 2023, S. 27–35, hier S. 33. Zur Kritik an Stapf, siehe Birte Frenssen u. a., »Problematische Thesen von Detlef Stapf zu Caspar David Friedrich«, https://archiv.ub.uni-heidelberg.de/artdok/8571/.
18 Siehe hierzu ausführlicher Werner Busch, *Caspar David Friedrich*, München 2021, S. 62–79.
19 Siehe ebd., S. 38–42.
20 »Voilá un homme, qui a découvert la tragédie du paysage!« Zit. n. Grave 2022 (wie Anm. 5), S. 21.
21 Zit. n. James Knowlson, *Damned to Fame. The Life of Samuel Beckett*, London 1996, S. 254.
22 So die Lesart von Peter Märker; siehe Grave 2022 (wie Anm. 5), S. 206.
23 Knowlson 1996 (wie Anm. 21), S. 254
24 Siehe Joseph Leo Koerner, *Caspar David Friedrich. Landschaft und Subjekt*, aus dem Englischen übersetzt von Christiane Spelsberg, München 1998, S. 104–106.
25 Zit. n. Hofmann 2000 (wie Anm. 15), S. 33.
26 Zit. n. ebd. S. 264.
27 Zit. n. Frank Richter, *Carl Gustav Carus. Der Malerfreund Caspar David Friedrichs und seine Landschaften*, Dresden 2009, S. 24.
28 Die Begriffe stammen von dem Kunsthistoriker Kurt Karl Eberlein, zit. n. Werner Hofmann, »Vorwort des Herausgebers«, in: *Caspar David Friedrich und die deutsche Nachwelt*, hrsg. von Werner Hofmann, Frankfurt am Main 1974, S. 7–14, hier S. 9. Das Wort »Weiheaura« verwendet Hofmann auf S. 13.
29 Zit. n. Koerner 1998 (wie Anm. 24), S. 88.
30 Detlef Stapf, *Caspar David Friedrich. Die Biografie*, Berlin 2019, S. 43.
31 Zit. n. Hofmann 2000 (wie Anm. 15), S. 285.
32 Jensen 1974 (wie Anm. 1), S. 77.
33 Siehe Grave 2022 (wie Anm. 5), S. 74–83.
34 Siehe Busch 2021 (wie Anm. 18), S. 31 f.
35 Siehe hierzu Koerner 1998 (wie Anm. 24), S. 216.
36 Zit. n. Hinz 1968 (wie Anm. 2), S. 70–73, hier S. 73.
37 Alle Zitate nach Jensen 1974 (wie Anm. 1), S. 203 f.
38 Der Brief ist abgedruckt in Hofmann 2000 (wie Anm. 15), S. 264 f.
39 Siehe hierzu ausführlich Koerner 1998 (wie Anm. 24) S. 39–72.
40 Wieder abgedruckt in Hofmann 2000 (wie Anm. 15), S. 275–280.
41 Zit. n. ebd., S. 280.
42 Zit. n. ebd., S. 282.
43 Zit. n. Koerner 1998 (wie Anm. 24), S. 246 f.
44 Zit. n. Hinz 1968 (wie Anm. 2 ), S. 48.
45 Heinrich von Kleist, Clemens Brentano und Achim von Arnim, »Verschiedene Empfindungen vor einer Seelandschaft von Friedrich, worauf ein Kapuziner«, in: *Berliner*

*Abendblätter*, 13.10.1810, wieder abgedruckt in: Hofmann 2000 (wie Anm. 15), S. 282–285, hier S. 282.

46 Robert Rosenblum, *Die moderne Malerei und die Tradition der Romantik. Von C. D. Friedrich zu Mark Rothko* [1975], aus dem Amerikanischen von Reinhard Kaiser, München 1981, S. 11; S. 218, Abb. 303.

47 Zit. n. Koerner 1998 (wie Anm. 24), S. 73.

48 Zit. n. ebd., S. 75.

## Fotonachweis

Frontispiz: bpk / Kupferstichkabinett, SMB / Jörg P. Anders

S. 7, 16, 24 oben, 32/33, 45, 58/59, 71, 81, 94/95, 99: Archiv des Verlags und der Autorin

S. 12/13: Alte Nationalgalerie, Staatliche Museen zu Berlin / Jörg P. Anders (CC BY-NC-SA)

S. 21, 29, 36, 41, 53, 62/63, 89 unten, 107 unten, 110/111: Wikimedia Commons

S. 24 unten: Private collection, courtesy of Talabardon & Gautier, Paris / Art Digital Studio

S. 38: Stiftung Preußische Schlösser und Gärten Berlin-Brandenburg / Pfauder, Wolfgang (2011) (CC BY-NC-SA)

S. 43: *Caspar David Friedrich. Die Briefe* (2. Aufl.), hrsg. von Hermann Zschoche, Hamburg 2006, S. 9

S. 49: Pommersches Landesmuseum Greifswald, Digitale Bibliothek Mecklenburg-Vorpommern

S. 54: Letzte Generation

S. 66/67: Foto: Belvedere, Wien

S. 77: Foto: © Rheinisches Bildarchiv Köln, rba_c004682

S. 84: © Albertina, Wien

S. 89 oben: bpk / Hessen Kassel Heritage

S. 107 oben: Kunsthalle Bremen – Der Kunstverein in Bremen (CC BY-NC-SA)

S. 112: © Georgia O'Keeffe Museum / VG Bild-Kunst, Bonn 2023

S. 117: bpk / Hamburger Kunsthalle / Elke Walford

## Biografie

5. September 1774 Caspar David Friedrich wird in Greifswald, damals Schwedisch-Pommern, geboren.

Um 1789/90 Unterricht bei dem Universitätszeichenlehrer Johann Gottfried Quistorp.

1794–1798 Studium an der Kunstakademie in Kopenhagen.

1798 Umzug nach Dresden und Einschreibung an der dortigen Kunstakademie.

1801/02 Längere Reise in die Heimat, Aufenthalte in Greifswald, Neubrandenburg und auf Rügen.

1805 Teilnahme an der Weimarer Preisaufgabe; Friedrich erhält für zwei Sepiazeichnungen die Hälfte des ersten Preises.

1806 Erneuter Aufenthalt in Neubrandenburg, Greifswald und auf Rügen.

1807 Reise nach Nordböhmen.

1808 Friedrich stellt den *Tetschener Altar* in seinem Atelier aus.

1810 Mit Georg Friedrich Kersting Wanderung durch das Riesengebirge. Johann Wolfgang von Goethe besucht Friedrich im Atelier. *Der Mönch am Meer* und *Die Abtei im Eichwald* werden in der Berliner Akademie ausgestellt und vom preußischen König erworben. Friedrich wird zum Mitglied der Berliner Akademie gewählt.

1811 Harzwanderung.

1813 Dresden wird von französischen Truppen besetzt, Friedrich flieht nach Krippen im Elbsandsteingebirge.

1816 Friedrich wird als Mitglied in die Dresdner Akademie der Künste aufgenommen.

1818 Heirat mit Caroline Bommer; Reisen nach Greifswald, Stralsund und Rügen.

1819 Geburt der ersten Tochter.

1820 Bekanntschaft mit dem russischen Dichter und Staatsrat Wassili Andrejewitsch Schukowski, der zahlreiche Bilder Friedrichs in Moskauer und Sankt Petersburger Sammlungen vermittelt.

1823 Geburt der zweiten Tochter.

1824 Friedrich wird von der Dresdner Akademie zum Professor ernannt, erhält jedoch nicht die erhoffte Leitung der Landschaftsklasse. Erkrankung. Geburt des ersten Sohnes.

1835 Schlaganfall.

7. Mai 1840 Friedrich stirbt in Dresden.

## Impressum

Das Konzept der A–Z-Reihe basiert auf einer Idee von Ulf Küster.

Autorin Barbara Hess
Lektorat Christine Fellhauer
Projektmanagement Fabian Reichel
Gestaltung Torsten Köchlin, Joana Katte
Schrift Scto Grotesk A
Verlagsherstellung Thomas Lemaître
Reproduktionen DLG Graphic, Paris
Papier Munken Lynx, 150 g/m²
Druck DZS GRAFIK, d. o. o., Ljubljana

© 2023 Hatje Cantz, Berlin, und die Autorin
© 2023 für die abgebildeten Werke: siehe Bildnachweis

Erschienen im
Hatje Cantz Verlag GmbH
Mommsenstraße 27
10629 Berlin
www.hatjecantz.de

Ein Unternehmen der Ganske Verlagsgruppe

ISBN 978-3-7757-5566-5 (Deutsch)
ISBN 978-3-7757-5567-2 (Englisch)

Printed in Slovenia

Umschlagabbildung
Detail aus Caspar David Friedrich
*Frau vor der untergehenden Sonne* (oder: *aufgehenden Sonne*) um 1818 (siehe S. 81)

Frontispiz
Detail aus Caspar David Friedrich
*Selbstbildnis* um 1810
Schwarze Kreide auf Papier 22,8 × 18,2 cm
Kupferstichkabinett
Staatliche Museen zu Berlin